法律の使い方

Application of Law

柴田孝之
SHIBATA Takayuki

勁草書房

まえがきにかえて：法律家はどのような仕事をするか

†本書はどんな人のためのものか

法律問題を扱うテレビ番組が高い視聴率を誇っています。これは、番組自体が面白い、問題となっている事件の内容が面白い……などの理由はありましょうが、視聴者が一番興味をひかれるのは、法律を使うとどういう結論になるのかという点でしょう。

想像するに、とくに法律による結論は、**不服がある人にも四の五の言わせない**という意味で魅力的なものだ……というところに法律による事件処理が興味を持たれる原因があるのではないかと思います。

ただ、そういう法律による事件処理というと、これは法律家という専門家に頼らないと無理で、自分でするなんてことは思いもよらないという人が多いでしょう。とはいえ、そうなれたらいいな……と思っている人も多いと思います。だから、こういう場合はどうなる、あういう場合は？といった具合に事件があげられ、その上で法律を適用するとどういう結論になるのかということが説明してある本となるとよく売れています。

しかし、そういう本を読めば法律による事件解決ができるようになる人がいるか……といえば、まあいないだろうということは誰でも分かるところだと思います。ただその理由は、というと分からない人が多いと思います。これは、計算問題になぞらえると分かりやすいでしょう。1＋1＝2、1＋2＝3…と問題と答えを覚えるだけで、計算ができるようにはなりません。法律の本も同じで、事例と結論をただ覚えるだけでは、事件処理はできるようになりません。**法律による事件解決の方法、使い方を学ばなければならない**のです。

どうすれば法律を扱えるようになるんだろう。どんな特別な訓練をするんだろう……その答えが分かる人はなかなかいません。そう思う人は本書を開いてみてください。本書は、まさに法律の使い方を解説するものです。これを読めば、思いもよらない法律の使い方を学ぶことができるはずです。

さらに、大学の法学部を志望する高校生、法学部在学中の人にも本書は重要な情報を提供するものです。というのは、法学部に入っても法律の知識は学べますが、法律の使い方というと身につかない人が多いのです。高い授業料を払って法学部に入ったのだから、少しは法律を使えるようになりたいと思うのが人情だと思いますが、なかなかそうはいかないのです。ここは英語教育と似ているかもしれません。知識は身につくが、話したり聞いたりすることができるようにならないという点が似ているのです。

法律の知識は身につくが、使えるようにならない……そういう法学部の卒業生が多いのですが、それではあまりに悲しいでしょう。本書は、そういう法学部生に一つの答えを示すものです。本書は法律の使い方を解説していますから、この教則に従って、後は自分が知っている知識をあてはめる訓練をすれば、法律が使えるようになるのです。

最後に、法曹志望者にも本書は重要なヒントになると思います。本書で説明するような技術は、特に最難関と呼ばれる司法試験の合格に直結する知識です。司法試験は、まさに法律のプロを選ぶ試験ですから、真の意味で法律の使いこなしができる人が合格するようになっているのです。だから、本書で解説する知識を知らずに司法試験に合格するということはありえません。本当に法曹になりたいのなら、法科大学院の入学にも、司法試験合格を目指すにも、本書で解説した知識は絶対に身につけるべきものです。

また、司法書士、税理士、会計士などを志望する場合、試験自体は法律と過去問の暗記で合格するかもしれません。しかし、それでは法律の使い方が身につきませんし、何よりも勉強が大変つまらなくなります。法律の使い方が身につけば、知識を暗記する分量が減ります。また、本書で解説する技術はすべての法律に共通するルールですから、合格後、どんな法律を使って事件処理するという場合にも必ず役に立つものなのです。

要するに、真剣に法律を学びたい人。学んだ以上、**本物の法学を身につけたいという人は全員、本書を読んだ方がよい**ということになります。

†法律を暗記する必要があるか

法律家というと、単に法律に詳しい——往々にしてそれは法律を暗記しているだけという意味ですが——人だとしか思っていない人が多いようです。それが証拠に、司法試験に合格した……というと、六法を全部暗記したんですかとかそういうことが聞かれます。

しかし、法律家は別に六法全書を暗記しているわけではありません。

実は法律の暗記は法律家が仕事をするのに必要がないのです。必要な法律は六法から調べたり、本を読んで探したりすればよいからです。

最近はパソコンのデータベースも発達してきましたから、コンピュータに法律をインプットして、キーワードを入力すれば事件解決に必要な法律の条文が出てくるような仕掛けにすることもできます。インターネットの法令検索システムを使えば、特別なソフトを使う必要もありません。

さすがに、法律用語の意味も覚えていないというのでは困りますし、ある程度の知識の蓄積がなければ、法律を使いこなすことはできません。しかし、法律家が超人的な知識の暗記能力があるかといえば、それほどではないのです。

確かに資格試験の突破にはある程度の法律に関する知識の暗記が必要です。ただこれは試験に出題されるから覚えるに過ぎません。それが証拠に、試験に受かった後、実務に着いた後はきれいさっぱり受験のために覚えたことは忘れてしまう人が多いし、それで仕事はできるのです。

†法律家はなぜ必要か：妥当な結論

法律家は法律を暗記しているわけではないというのなら、なぜ法律家という特別の技能をもった職業が必要になるのでしょうか。

考えてみてください。法律家という職業は、**法律を使って事件を解決する職業**です。このことは、どういうときに裁判所に行くのか、弁護士事務所に相談に行くのかを考えれば分かると思います。

しかし、単に法律を知っているだけで、事件解決ができるのなら、法律問題は六法を買ってきて、丹念に調べれば誰でも解決できるということになります。そうなると、法律家という職業など不要だということになります。

いや、そうはいっても法律が膨大すぎで調べる手間が大変ではないかと思う人がいるかもしれません。ならば、パソコンソフトを作って、事件のキーワードを入れれば事件解決法が表示されるようにすればよいでしょう。

もしもただ単に事件に関係する法律を引っ張ってくればどんな事件でも処理できるというのなら、近い将来にはその程度のソフトが出てきてもおかしくないと思われます。

そういうソフトができると、法律家が圧力をかけて出てこないようにするのではないかとか、値段を高くして専門家しか買えないようにする（登記の申請書類を作成するソフトなどは、司法書士で、七桁のお金を払わないと手に入れられないという話もあります）とかいうことも考えられなくもありません。

しかし、そういうことではなくコンピュータで事件処理ということは近い将来に実現することはないでしょう。

それは、法律を書いてある通りにそのまま使うだけでは事件の解決ができないからです。法律の中には明治時代に作られた法律や、検討が足りないまま作られた法律もあり、そのまま事件に適用するとおかしな結論が導かれるものがあります。しかし、法律家は決してそのような法律をそのまま受け入れるわけではありません。

不当な結論であっても、そのまま機械的に法律をあてはめて事件処理をすればよいというのなら、確かに法律家などいりません。しかし、それでは世の中がうまく治まりません。そういうことでは国民が納得しないからです。

この点、裁判所の判決がおかしいという批判がよくありますが、それは裁判所が完璧を求められるからでしょう。実は全く報道の対象にならない大部分の判決はおおむね妥当な結論が導かれているのです。そうでなければ、裁判所など誰も利用しなくなります。弁護士なら、非常識なことばかり言っているようでは誰も相談する人がいなくなるでしょう。

というわけで、法律家が必要な理由は、まずは事件解決において**妥当な結論**が導かれるためなのです。

これは皆さんにとって意外なことかもしれません。法律家といえば超人的な暗記能力がある分、常識に疎いというふうに思っている人も多いようですから。

常識がなくてよいというのは、法律に従うとおかしな結論が出てしまっても、「それが法律だ」

と思ってあきらめる人が多いからかもしれません。法律とは自分とはなじみがなく、常識が通じない世界だというわけです。頭がいい人は非常識だという偏見もどうもあるようです。

しかし、実際のところ、何が常識的な解決かとか、当事者が納得する解決法は何かということの判断ができることが法律家の第一条件なのです。

テレビのバラエティ番組では、変な法律を紹介したり、「法律ではそうなっていますが、おかしいですよね」なんていう弁護士がよく出てきます。しかし、実際に法律がおかしいから、それで仕方がない。あきらめろ……というのでは、それこそ法律家がいる意味が全くありません。こういう番組をみて、本当の法律家像を見誤らないようにしてください。

†法律家はなぜ必要か：理論構成の必要

となると、不当な法律があったら無視するのでしょうか。

しかし、そうではありません。まず一見不当であっても意味があってそういう結論が導かれるようになっていることが多いからです。

また、ある特定の場面で不当な結論になっても、他の大部分の場面で妥当な結論になるようになっていることも多いのです。にもかかわらず、安易に例外を認めてしまうと、自分に都合良い時は法律を無視して良いという風潮が広まり、法などあってなきがごとしということになりかねません。

人は、とかく目の前のことにとらわれがちです。事件があればその事件解決にのみ目を奪われがちです。しかし、安易な解決をすると、他の場面で不都合な結果が出てくるかもしれません。考えられる場面とのつじつま合わせをする必要があるのです。

法律はそれなりの目的があって作られますが、守られなければ法律を作った目的が達成できません。一部に不当な結論が導かれる場合があっても、安易に法律の無視をすることを認めてしまうと、妥当な法律まで無視されるようになりかねません。中国の歴史話などをみていても、こういう話はよく出てきます。

かといって少数の例外的なおかしな結論が出てしまう場合、事件の当事者にがまんしろ、といっても、がまんできるものではありません。そこで例外を認めるための理屈を考える必要があります。今回は特例であり、よほどの理由があるんだ。他に例外を認めるのでも、同じくらいの理屈がないと認められませんよ……というぐらい**巧妙な理屈**を考えなければならないのです。明文の定めがなくても、妥当な結論が出るよう仕組まれているかのような、そういう理屈を考えるのです。

そういうわけで、法律家として要求される能力が何であるかが判明しました。まずは、**常識的な判断力**です。併せて、法律からそのような結論が導かれるような**理論構成をする能力**です。この両方の要求を同時に満たしているのが法律家なのです。

以上の説明から、六法を丸暗記しても事件解決はできないということや、機械にデータを入力すれば自動的に事件解決というわけにはいかないことが分かってもらえたと思います。

事件を入力したら、たちどころに解決方法が出てくるようなソフトを作るには鉄腕アトムやドラえもんを作るくらいの技術が必要なのです。場合によってはもっと高度な技術が必要かもしれません。

というわけで、いかにコンピュータが発達しても、少なくとも弁護士・検察官・裁判官が失職するということは当分ないということになります。

†事件解決の教則本とは何か

大学の法学部で勉強をしたり、資格試験の受験勉強を機械的にしているだけでは、事件の解決ができるようになる気がしないというのは誰もが感じるところです。

ましてや、特殊な事件を取り上げ、おもしろおかしく結論を説明しているだけのお手軽な本やテレビ番組などいくらみていても、法律を使いこなせるようにはなりません。

知識というのは単に暗記しているだけではだめで、**使いこなしが必要**なのです。しかも、このためのコツもあります。

このことは、何も法律だけの話ではありません。特定の大学や資格試験の問題に答えるのにはそのための技術が必要です。数学の公式も単に暗記するだけではなく、どういう問題でその公式を適用するのかを気がつくための技術があるのです。

知識を体に置き換えれば、体を使いこなす技術というものもあります。スポーツや武道の達人は、体を鍛えているだけでなく、それを使いこなす技術も持っているのです。

知識も体も結局は目的達成の道具です。あらゆる道具は、単に用意するだけではだめで、それを使いこなす技術がなければ宝の持ち腐れになってしまいます。

実際、法学部を出た人に、「この場合、どう事件処理するのですか」と相談してもなかなか要領を得た答えが得られないものです。それは、冒頭で指摘したように法学部では法律の知識や難しい議論を教えてもらえますが、法律の使い方についての基本的な手ほどきは受けられないからです。その技術を教える本もありません。

従来の法学入門書といえば、高名な先生が書かれた基本理論を説明するものと、身近な事例を持ち出しておもしろおかしく解説をするというものしかありません。そうでなければ、法律の基本的な知識を大きな字で、色刷りで説明するだけのあまり内容がない本も多いところです。

後二者はともかく、学者が書いた本の場合は、よく読むと大変重要なことが書いてあることが分かります……が、それは理解がもう済んでいる人に分かることです。それが事件解決にどう役に立つのか、どのように重要なのかということの説明は今ひとつうまくいっていないように感じます。

その理由として、具体例の出し方がうまくないということがあげられます。法律のように抽象的な事項を理解するには、（また本文で詳しく説明しますが）どうしても自分が知っている知識との比較で理解するしかありません。

しかし、そこで出された具体例が自分の知っている知識・体験とつながらないと、説明の意味が分からないのです。「しかし」の意味を日本語の辞書で引いたら「だが」と書いてあり、「だが」の意味を引いたら「しかし」と書いてあって同じ意味に戻ってしまう……という話がありますが、言い換えた先も意味が分からなければ理解ができないのは当然です。

しかし、それよりも重要な理由があります。それは、知識と事件解決をつなぐ橋渡しをする知恵・技術があるのに、その点の説明が十分ではないということです。法的な概念の意味が分かっても事件解決をするにはどうすればよいのかということを知らない学生はたくさんいる原因はここにあります。

知恵・技術の解説は、法学の説明そのものではない以上、入門書にその点が書かれていないのは仕方がない面もあります。しかし、この知恵・技術をどこでも学べない。判例や学術研究書の断片的な情報から自分で学ぶしかないという現状にあります。

この本は、**法律の知識と実践との間にできた隙間を埋める技術・知恵を解説する**ものです。知恵・技術を知れば、事件解決をする自信が出てきます。そうすれば、法律学を学ぶ張りが出てくるはずです。

また、本書を読めば事件解決という目から法律上の制度をみることができるようになります。自ずから法律の学び方も変わってきて、法学を効率よく学ぶことができるでしょう。

このようなメリットこそ、多くの立派な先達がおられる中、あえて本書を書くことにした理由です。本書は法学を学ぶ人には全員に役に立つ本になるはずです。本書を読まないということは、早く深く法学を理解する道があるのに、あえて遠回りをするようなものです。

何よりも、僕が学生のとき、こう説明されたらもっと早く法律学が理解できたのに……という、自分の理想、願いを形にするようがんばって説明をするつもりです。

以上のような試みがささやかでも実現していれば幸いに存じます。

法律の使い方

目次

第 1 章

法律は何の役に立つか

本書では、法律の使い方を説明していきます。そのためには、まず法律が何のための道具なのか知っておかなければなりません。的はずれなところで法律を使っても、何の効果もあがらず終わるでしょう。法律を使いこなすためには、法律はどういうことに役立つのか、反対に、どの程度までしか役立たないのかという限界をよく知っておかなければなりません。

†法律はなぜ必要か

法律は国会が作りますが、国会という国の機関は、多額の費用をかけて大々的に行われる選挙で、国民自身によって選ばれた代表者……国会議員が七〇〇人以上も集まって構成されています。法律を作るため、これだけ大々的な仕組みが用意されるわけです。

しかも、法律案は国会議員だけでなく、内閣やその下に属する省庁の官僚までよってたかって作ります。さらに、法文の校正のために、法制局が内閣や衆参両議院におかれています。

要するに、たくさんの人がよってたかって、しかも国民の税金もたくさん使って法律は作られるわけです。だからと言って法律を作ることが無駄であるという文句など出てきません。つまり、これは法律がたいへん重要であり、このくらい手間暇をかける価値があるということを意味しているのです。

しかし、なぜ法律は重要だといえるのでしょうか。これはどうも分かりにくいところなので説明の必要があるでしょう。

その答えは**もめ事を解決するための道具**だからということになります。

人間は集団生活を営むのが普通です。山奥に住み、自給自足生活を一人で営んでいる人でも、すべて自分で調達するというわけにはいかず、時には人里まで買い物に出かけなければならないことがあるでしょう。すべて自給自足……というのなら、家族や仲間がいて協力をしながら必要な作業をするはずです。

他の人が誰もいない状態といえば、小説のロビンソン・クルーソーくらいでしょう、そのロビンソン・クルーソーですら、生まれた時から一人ではないし、途中からフライデーという仲間と一緒に暮らすようになっています。

このように人間は集団生活を営むわけですが、そうなると、必ず起きるのがもめ事です。もめ事が起きるのは、まず悪人がいるからです。人が仕事をして得た物を盗んだり、だまし取ったりする者がいたら、そういう行為は禁止しなければいけません。

さらに、人は他人とつきあう時に約束をするものです。そのときに、約束の内容を勘違いしたり、記憶違いをしたりすることがあります。一〇万円で売ってくれるんですね。いえいえ、一〇〇万円ですよ……という具合にです。ここで言った言わない……ということになった場合、両方は自分が正しいと思っていると、一歩も引かず、争いは収まらないことになります。

こういう場合にはもめ事を終わらせる必要があります。もめ事に関わっても何も新しいものは生み出されません。にもかかわらず、手間ばかりかかることになります。

集団生活を成り立たせるためにも、もめ事は終わらせる必要があります。助け合えば効率がよくなるのですが、いがみ合えば、本当に必要なことにエネルギーが割けなくなり、無駄が多くなります。

ここは問題解決の方法を講じる必要がある――ということになります。

その方法ですが、まずは当事者に任せることになるでしょうが、それでは済みません。当事者はいずれも自分の利益を優先して考えるでしょう。損をしないためにはそう簡単に自分がおれることはできないと考えます。となると両者とも一歩も引かずにもめ事が解決ができないということになります。

そのままだと、最終的にはどうなるかといえば、根負けしたものが負けるということになります。これはエネルギーの無駄遣いですし、一番問題なのは正しい者が勝つとは限らないということです。

たとえば事故の被害者は、早く医療費が欲しい、現金が欲しいということで、すぐに支払われるのなら……ということで、少額の賠償金で妥協してしまうかもしれません。または、一方が相手をだましたり、脅したりして納得させるということが起きるかもしれません。

となると、正義が実現できないでしょう。さらに後の紛争への火だねを残すことにもなります（もっと賠償金を払え、自分は騙された……と相手が主張するなど）。

こういう状況を克服するため、もめ事の解決を当事者に任せることはできません。どちらの言い分が正しいのかを決めて、どういう行動をするべきかを第三者が決めるのが一番よいということになるでしょう。

ただ第三者が判断をするにも、直観でいきあたりばったりに決めるというわけにはいきません。その方法だと、人によって結論がまちまちになり、当事者から文句が出てくるおそれがあります。同じようなもめ事があったとき、あいつは金を払わなくてよかったのに、なんでおれは払わなければならないか……などです。

そこで役立つのが事件解決のためのルールを決めることです。もともとルールには、混沌としたものを秩序立てる働きがあります。殴り合いもルールを作ればボクシングになります。権力闘争となると、血で血を洗う争いになりかねませんが、きちんとルールを決めることで、選挙という健全な制度で済ませることができるのです。

具体的には、されては困る行為を禁止します。そうすれば、されては困る行為を予防することができます。また、あえて悪いことをしようとした者に注意しやすくなるでしょう。先に決まっていたことなんだから、分かっているだろうな……と。

さらに、意見の食い違いが起こりそうだ、もめ事が起きそうだと先に予想されることについて、処理の手順を決めておきます。もめ事の処理手順を決めておけば早く事件処理ができます。また、すべて同じ手順で処理するのですから、不公平な結果にもなりません。

最後に、人間が生活をするのに必要な処理をするのに便利なルールを作るとよいでしょう。たとえば集団生活をするのなら、分業をした方が効率がよい場合があります。たとえば、国家・地方自治体という組織を作って、警察・消防などの仕事をさせれば、いざという時に役に立つでしょう。選挙制度というものもあれば権力闘争が起きることを防ぐことができます。

つまり、ルールの中で新しい仕組みを作り、集団生活を暮らしやすくすることができるのです。

以上が何事にも先にルールを決めておくメリットなのです。

ポイント

・人間が集団生活を営む以上、事件が起きることは避けられない。

・これを迅速に、公平かつ適切に、かつ効率よく解決するために、先にルールを決めておくことが有用である。

ただ、ルールを決めておけばもめ事が起きにくくなるかといえばそうではありません。

たとえば、校則がない学校はないでしょう。校則がない学校があったとしても、常識や倫理を守らなくてよいということはありません。校則がない学校にも何らかのルールは必ず存在するはずなのです。

しかし、実際には荒れた学校もあれば、そうでない学校もあるわけです。その理由は、前者ではルールが守られておらず、後者ではルールが守られているからなのです。ルールは作るだけではだめで、それが**守られるようにしなければならない**のです。

NHKの受信料を払わない人が多いのは、支払わなくてもとくに罰則がないからです。健康保険は保険金を払うのに、年金を支払わないのも、前者は罰則があるが、後者は罰則がないからだという説明ができます。**強制力がないと、ルールは実現されない**のです。だから、強制力がないルールは絵に描いた餅になってしまうのです。

そのため、ルールには、多かれ少なかれ、強制力を与えるのが普通です。スポーツなら、ルールを守らない者にはハンディを負わせたり、反則負けにしたりします。学校の校則なら、守らなければ自宅謹慎をさせられたり、退学になったりすることがあります。

というわけで法律にも、強制力が与えられます。ただ、他のルールと違うのは、ルールが守られるように国民にそれを強制するのが国だということです。国は大変大きな力を持っています。何しろ、合法的に税金を徴収したり、人を死刑にもできたりするのですから。**法律はこの国が強制するルールですから、他のルールとは違い、通用力……人がそれを守る可能性がとくに高いということがいえる**

でしょう。

なぜ国が国民に法律を守らせるのでしょうか。それは、法律は国が作ったものですから、作った者の責任として、それが守られるようにしなければならないからです。守られなければ、不正の禁止、事件解決、国民へのサービスの提供という法律の目的が達成できません。為政者として国は、世の中を平和にうまく治める義務があることからしても、法律を守らせる必要があるということになるでしょう。

以上が法律の特徴なのです。

ポイント

・ルールは守られなければ意味がない。そのため、強制力が与えられる。
・法律は国が強制力を与え、国民に守らせるようにしている。

守らなくてよい法律もある

法律は守らなければならない……というと当然のことのように思えますが、法律もすべて守らなければならないものばかりではありません。

もちろんこれは、法律に違反しても発覚しなければ罰せられないという話ではありません。また、少年法六一条（犯罪を犯した少年のプライバシーに関する情報を雑誌・新聞などに掲載してはならないという法律）のように罰則がない法律があり、違反しても法律の上では不利益がない……という話でもありません（不正な行為を禁止する趣旨の法律は守らなければならないでしょう）。

しかし、ほんとうに守る必要がない法律もあるのです。たとえば、民法の財産に関する定めがそうです。民法は実は守らなくてよい法律で、それが原則なのです。

なぜそんな法律があるのでしょうか。それは財産に関係するもめ事（金を返せ、土地を明け渡せなど）は、解決法については当事者さえ納得すればそれでよいといえるからです。国は第三者なのですし、国民は憲法で自由が保障されています（たとえば財産権について憲法二九条）から、国が当事者同士が納得していることに対して口出しをするべきではありません。

そこで、当事者が法律とは違った約束をした場合、そちらが優先することが認められています。

ならば、何のために民法はあるのでしょうか。それは当事者が何も決めていないことが問題となった時のためにあるのです。その場合は、ルールがない状態になってしまい、事件解決ができません。それでは困りますから、当事者の間に取り決めがない場合にそなえて民法があるのです。

言い換えると民法では、もめ事の解決法については、当事者の意思に委ねるのが第一だという決まりになっているのです。

だから、法律家が民法に関係する事件を解決する場合に、まずは**当事者の間でどういう取り決めがあったかを確認しなければなりません。**その結果、法律家はそれが初めてみたようなルールであっても、それがよほどめちゃくちゃなもの（ベニスの商人に出てくる、金が返せなければ、代わりに胸の肉一ポンドを切り取るなど）でない限り、そのルールを使って事件処理をしなければならないのです。

というわけで、ますます法律家は法律とそれにまつわる知識を暗記するだけでは済まないことになります。当事者が決めた取り決めはそれこそどんな内容のものが出てくるか分からないからです。

法律家には臨機応変に対応する力が必要だということも今の話から分かるでしょう。

†法律による事件解決のメリットは何か

以上から、法律による事件解決のメリットが見えてきます。

まず、ルールに従って事件を解決するというだけで、**公平な事件処理**を行うことができます。事情が同じなのに、結論が正反対に違うというのでは、不公平です。ほぼ同じような問題が出てくる事件なのに、Aさんが訴えた時は勝訴し、Bさんが訴えた場合は、敗訴する……ということでは、Bさんは納得しないでしょう。

しかし、事件を直感的に解決しようとすればそうなってしまうおそれがあります。たとえ結果的に公平に事件処理をしていても、公平ではないのではないかと疑われる可能性は否定できません。

この点、ルールによる事件処理（もめ事の解決）は、あたかも数学で同じ公式に則って計算をすれば誰でも同じ答えが導かれるように、安定した結論が導かれるという安心感があります（本当は安心感に過ぎないのですが……この点は後で詳しく説明します）。裁判で負けて敗訴した人にも、みんな同じ取扱いをしているんだということだと説明しやすく、納得が得られやすいでしょう。

ルールによる事件解決は、公平な事件解決が現にされるというだけでなく、公平な事件処理がされているというアピールをするのにも役立つのです。

また、事件処理が早く済むというメリットも指摘できます。

ルールを先に決めておけば、第三者に事件処理を任せた場合、そのルールに従って事件処理がされることが事件の当事者も分かるわけです。となれば、それに人があわせて行動するようになるでしょうから、事件が起きにくくなります。仮に問題が起きても事件の処理手順が決まっていますから、「だだをこねても仕方がない」と合意に達しやすいでしょう。当事者間で事件処理が済んでしまうわけです。

以上は、ルールを先に決めておく効用ですが、さらに、法律だからこそ得られるメリットもあります。**それは強制的に事件処理をしてしまえる**ということです。

実は事件の正体は、結局のところ当事者の**言い分の食い違い**のことです。一方が、他方のいうことをいちいちその通りだ、認める……というのなら、それ以上話し合うことはないでしょう。両方の意見に食い違いがなければ人はもめたりしないのです。

要するに、**意見の食い違いを解消できれば、それで事件解決になる**ということになります。反対に、当事者の間に異論がないのに第三者が「問題にすべきだ、争うべきだ」といってもおせっかいでしかありません。時間の無駄です。つまり、事件とは意見の食い違いのことであり、処理とはその食い違いを解消する作業なのです。

● 事件とは意見の食い違いのことである……ということは民事訴訟に立派に現れています。たとえば、民事訴訟では複雑な事件においては争点整理という手続を行います。難しいことに聞こえると思いますが、要するに、どの点で意見は言い分が一致しているか、どの点で意見の食い違いがあるかを確認する作業なのです。この意見の食い違いのことを争点といいます。

意見に食い違いがある点だけをピンポイントに処理をしていけば、迅速に効率よく事件が解決できるでしょう。そのために争点整理をするのです。

当事者同士が話し合いでもめ事を処理するには、意見の食い違いを解消するようにすればよいのです。第三者が関与する場合でも、第三者が案を出して、当事者がこれに納得した上で事件解決になるということもあるでしょう。事件処理というと、法律や法曹に頼らずとも済むことはいくらでもあるのです。

しかし、争いの当事者の意見が食い違ったまま、話がまとまらないことがあります。まさに話が平行線をたどるという場合で、この場合はいつまでも事件処理が終わりません。

法律の出番はこの時です。法曹は法に照らしてどちらの言い分が正しいかを争点ごとに判断し、いずれに合意すべきかを決めてしまいます。こうして確実に事件は処理されます。

それでも納得しない当事者はいるだろう……と思われるかもしれません。この場合、たとえ不服がある当事者がいても、法律によって導かれた結論を守らないことはできません。守るように国が強制するからです。

要するに強制的に事件を処理してしまうのが法律だということになるでしょう。

ポイント

- ルールによれば事件解決を迅速・公平にすることができ、事件の発生自体を予防できることもある。
- 法律によれば、事件を確実に解決することができる。

法律の限界

このように説明すると、法律によれば効率よくどんな事件でも確実に解決できるように見えますが、そうではありません。法律によって解決できない事件はいくらでもあります。たとえば学説上の争いならどの説が正しく、どの説は間違っているかということは法律に照らしても分かりません。宗教上の争いとなれば何が正当で、何が異端かということも分かりません。

宗教上の教義の正当性はその教義に詳しい人が判断すべきであって国が口出しすべきものでもありません。少なくとも教義の正当性というものは、法律を使って事実を確認して……という方法で、明らかにできる性質のものではないのです。

もっと重要な問題があります。それは、法律により出した結論を強制して、事件解決が本当にできているのかという疑問です。無理に事件を解決することで当事者間にしこりが残り、後々違った形で事件がまた起きる可能性があるからです。

というわけで、法律は万能では全くありません。

だから、法律による事件解決はそれになじむ場合に限るべきで、他の方法による事件処理方法と組み合わせるのがよいのです。たとえば、当事者にわだかまりが残らないように話し合いで解決ができるのなら、それでよいわけです。その事件ごと、事情ごとに適切な解決方法を探すのがベストだといえるでしょう。

ポイント

・法律で解決ができる事件の種類は限られている。強制的に事件を解決しても、解決にならないことがある。法律による事件解決にも限界があり、万能ではない。

第 **2** 章

法律による事件解決の基礎

本章では、いよいよ法律の使い方の説明に入ります。まずは法律を使ってどうやって事件処理をするのか、その基礎を説明します。

†法律の構造はどうなっているか

事件処理の方法を知るために、まず法律はどういう仕組みになっているかを説明します。**刑法二〇四条**を例に取りましょう。

刑法二〇四条
人の身体を傷害した者は、十年以下の懲役……に処する。

これはそんな難しことを言っているわけではありませんね。ある者が人の身体を傷害するという条件が整うと、その者は一〇年以下の懲役刑（刑務所に入って労役をする刑罰）が科されるという結果になると書いてあります。

要するに、人を怪我させるということを禁じる。さもないと、罰則を加えるということです。禁じられたことをするのが条件で、その結果、罰が加えられるという構造になっているのが分かるでしょうか。

これは民法でも同じです。**民法五八七条**を例に取りましょう。

民法五八七条
消費貸借は、当事者の一方が種類、品質及び数量の同じ物をもって返還をすることを約して相手方から金銭その他の物を受け取ることによって、その効力を生ずる。

少々複雑になりましたが、これも条件と結果からできています。

条件は、「種類、品等及び数量の同じ物をもって返還することを約して」「金銭その他の物を受け取る」ことです。ここで「種類、品等及び数量の同じ物」とは金銭その他の物のことです。

つまり、金銭を渡し、これを返す約束があると、消費貸借契約が「効力を生ずる」ことになるのです。効力が生じるというのは、金を渡した者が、受け取った者に返すように請求できることになるということです。

ちょっと難しくなりましたが、要するにこれはたとえば貸金契約のことを言っているのです。貸金契約があれば、金を貸した者は借りた者に返せと言います。こういう主張をする条件が、既に金を渡していることと、返還の約束だというわけです。

このようにルールは、結果と、それに至る条件からできあがっています。

この構造はどんなルールも同じです。

たとえば、「校内で煙草を吸った者は停学三日にする」という校則を例に取ります（校内に限らず煙草はダメですが、これは物のたとえです）。これを分解すると、「煙草を吸った」という条件と、「停学三日」という結果からできていることが分かります。

そういうわけで、法律が条件と結果からできているということは特別なことではありません。法律の中には、結果と条件が別々の条文に分けて定められている場合があります（公務員はストライキをしてはいけないとある条文で定め、別の条文で、禁じられたことをしたら罰則を科すとなっている場合など）が、概ね条件・結果で法律はできているといって差し支えありません。

＊

法律の世界では、条件を法律要件、結果が法律効果の発生といいます。もっと縮めて、要件・効果ということが普通です。この用語に従うと、法律要件が満たされると、法律効果が発生するということになります。

「要件」という言葉を使うと、何か特別なものであるかのように思ってしまいがちです……が、

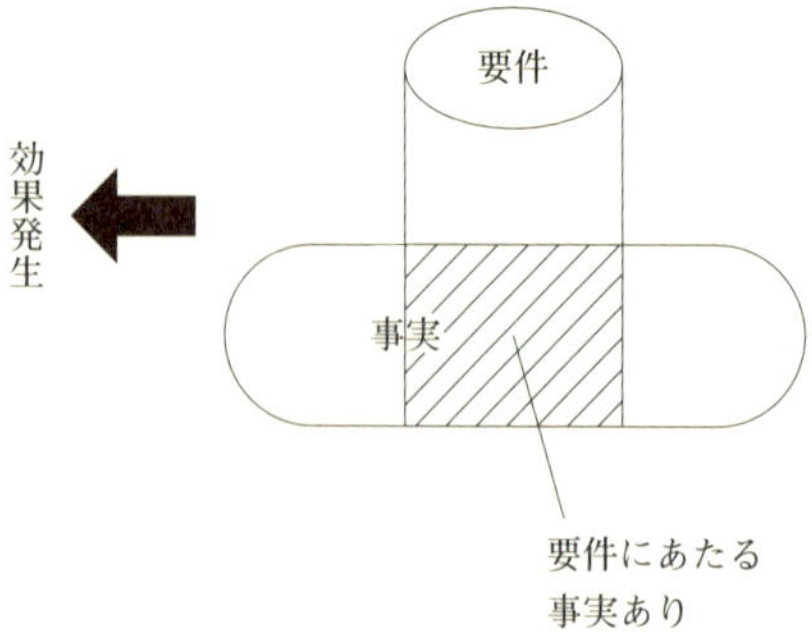

図1　法律要件・法律効果

結局のところ、ある結果を認めるための条件……必要条件のことに過ぎないと考えてください。

そして、効果として認められるのが、刑罰が科されるとか、お金を返さなければならないという義務・不利益だったり、お金の返還請求ができる利益だったりします。

このうちの不利益のことを法律の世界では、**義務**とか**責任**とかといいます。反対に、義務がある者に対して、義務を果たせと主張ができることを**権利**といいます。

よく権利、権利といいますが、その意味はよく分からないまま使っている人が多いでしょう。権利とは義務ある者に、義務を果たすように要求できる地位にあること、資格のことをいうわけです。

たとえば、売買代金支払請求権があるという場合、これに対応して支払義務がある人が必ずいます。この者に売買の代金の支払いが請求できる地位にあることを権利があるといいます。

また、中学校の公民で、国民の三大義務として、教育の義務があると学んだと思いますが、それに対応する権利者もいます。それは、子供です。憲法は、その保護する子弟に対して教育をする義務があると言っていることから分かると思います。この国民の義務に対応する権利は、憲法では学習権として保障されているのです。

権利・義務は一方だけ成立することはありません。権利とは、義務者にその義務を果たせと主張できることだからです。権利がある場合は、必ずどこかに義務や責任が発生します。権利と義務がセットになっているということは、法律は二者以上の者の間のもめ事を解消するものであることから当然のことです。

以上をまとめますと、法律に定められた要件が満たされると、誰かに権利、誰かに義務が発生するという構造になっているわけです。そして、権利がある者が、義務がある者に対し、権利・義務に対応する内容を一方的に主張できるとすることで、意見の食い違いが解消され、事件解決に至るのです。

ポイント

- 法律は要件・効果からできている。
- 効果として発生する代表的なものが、権利・義務である。

法律の構造といえば、法律の読み方も説明しておく必要があるでしょう。

民法第九十四条
相手方と通じてした虚偽の意思表示は、無効とする。
2　前項の規定による意思表示の無効は、善意の第三者に対抗することができない。

民法の勉強を始めたら、大変重要な条文としてしっかり勉強をすることになる、**民法九四条**を例に取ります。

まず、法文が改行されている場合があります。この場合、それぞれの段落を項と呼びます。一段落は第一項、二段落は第二項となります。したがって、「相手方と……無効とする」は民法第九十四条第一項、「前項の……できない」は民法第九十四条第二項と呼びます。

ただ、正式には「第」をつけて読むのが通常であるものの、普通は「第」は省略します。さらに、民法の本や答案の中では、民法という表示は省略されることが普通です。したがって、多くは九四条一項、九四条二項というように読み慣わすことになります。しかも、本によっては一項、二項を①②のように丸数字で表したり、Ⅰ、Ⅱとローマ数字で表すことも多いので覚えておきましょう。

さらに、これはどうでしょうか。

民法第九十五条
意思表示は、法律行為の要素に錯誤があったときは、無効とする。ただし、表意者に重大な過失があったときは、表意者は、自らその無効を主張することができない。

この場合、改行はありませんが、一つの段落の中に二つの文章が含まれています。特に後半には「ただし」の文字が含まれています。この場合は、後半をただし書、これに対して前半を本文といいます。

一つの段落の中に二つの文章が含まれている場合としては次のような場合もあります。

憲法第十三条
すべて国民は、個人として尊重される。生命、自由及び幸福追求に対する国民の権利については、公共の福祉に反しない限り、立法その他の国政の上で、最大の尊重を必要とする。

これは憲法の条文で、大変重要なものです。前半部分と後半部分に分かれていますが、とくに「但」「ただし」とはありません。この場合、前半を前段、後半を後段といいます。

民法第百十一条
代理権は、次に掲げる事由によって消滅する。
一　本人の死亡
二　代理人の死亡又は代理人が破産手続開始の決定若しくは後見開始の審判を受けたこと。
2　委任による代理権は、前項各号に掲げる事由のほか、委任の終了によって消滅する。

法文には複数の事情を箇条書きにしてある場合があります。これには数字がついていますが、これをそれぞれ号と読み慣わします。「一　本人の死亡」は一号、「二　代理人の……受けたこと」は二号です。さらに「代理権は次に掲げる事由によって消滅する」という部分は柱書と言います。

右の条文には、「委任による……消滅する」という部分は改行がありますから、二項です。したがって、「一　本人の死亡」は一号は正確には、**民法第百十一条第一項第一号**ということになります。通常は一一一条一項一号と表現すればよいでしょう。

他にも法文の中には、難読語や、本来の日本語とは違った意味で使う言葉（例：「乃至」とは or の意味ではなく from～to の意味になります）も含まれています。分からないことが出てきた場合、有斐閣から出版されている『ポケット六法』では、難読語の読み方という付録がついていますから、これが参考になるでしょう。

†法律の基本的な使い方はどのようなものか

では、この構造にしたがって、法律を使ってみましょう。

事例　AはBに対して、返済期限が来たとして貸金一〇〇万円の返済を求めている。事実を調べてみた結果、金銭を貸す約束のみあるが、まだAはBに金を渡していないことが判明した。Aの請求は認められるか。

Aは貸金の返還を求めているのでその根拠になるのは、先ほどの**民法五八七条**になります（二〇ページ）。

ここで**五八七条**は金銭の返還請求ができる権利は、「返還の合意」「金銭などの授受」という二つの要件をあげています。

ところが、事情を見る限り、少なくとも金銭の授受という事情はありません。となると、条件が整っていないから、効果として、AのBに対する権利は発生していないことになります。

結論として、AはBに貸金の返還請求はできないということになります。

条件にあたる事実を探し、あれば効果発生で答えが出てくる……何か似ているものがありませんか？　そう。数学の計算問題です。法律というのは公式です。そこに事実という数字をあてはめて答えを出すのです。

たとえば、円周の長さを求めたければ、円周＝$2\pi r$という公式を使い、後はr（半径）の数値……たとえば、3を公式にあてはめて計算すれば、6πという答えが出てきます。

これは法律でも似ています。法律が公式で、これに問題となる事実をあてはめます。

右の事例の場合なら、（1）返済の約束にあたる事実はあります。しかし、（2）金銭授受に対応する事実はありません。したがって、請求は認められないという結論が導かれます。

これに対して、金銭を借りる約束をし、翌日貸主が借主の口座にお金を振り込んだ……という事情があればどうでしょうか。（1）返済の約束は当然として、（2）金銭授受の事実に対応する事実があるといえるでしょう。とすれば、法律という公式に照らすと権利の発生が確認されるわけです。

もちろん右の作業では計算は必要ありません。その代わりに、事件の中から、要件事実を満たすか確認するという作業を必要とします。**しかしポイントは、具体的な数字や事実を、一定の法則に従って処理をすると答えが出てくるという点です。そこが共通しているのです。**

つまり、法律学というと文系のものだと感じる人がいると思うのですが、意外と理系のような考え方も使うということになります。

なお、法律要件にあたる事実があるかどうかを、事件に照らして判断することをあてはめといいますので、覚えておきましょう。

ポイント
・法律は、要件事実にあたる事実があるかどうかを判定し、あれば効果発生、なければ効果が発生しないという仕組みをもとに結論を導く。

というわけで、法律の使い方というのは、数学でいうと計算問題程度で、意外と簡単ではないかと感じられたのではないかと思います。

しかし、法律を使うにあたっては、計算が複雑な場合があるように、意外と難しい場合があります。

ここに法曹……法律の専門家が必要な理由や、法律の専門家というのは単に法律の知識があるだけではダメだという理由も隠れています。

＊

先ほどの事例をもう少し分析してみしょう。事件の処理にあたっては、まず問題文の事情から当事者の要求を抽出します。上の事例の場合は、「貸金を返せ」というものになります（この要求のことを、ここ以降は請求と呼ぶことにします）。

そうしたら次に、法的根拠を探します。法律による事件解決である以上、すべての請求は、法律が許しているものでなければなりません。結論として常識だから……では法律による説明にならないのです。上の事例の場合は、貸金契約＝消費貸借契約の一種ということで、**民法五八七条**をあげます。

ここで学生が不思議に思うのが、その法律を使うということがどうして分かるのか、使う法律をどうやって選び出すのかということです。数学の問題でも、解き方が分からないので正解をみると、思いもつかない公式や式変形をしている。こんなことはどこから思いつくのかという点に悩んでしまう場合がありますが、それに似ています。法律にせよ、数学にせよ、ここが初学者にとって難しいところです。

この答えは、少なくとも法律についてはあります。それは事件を巡る事情と、当事者の要求の相関関係から条文が決まるということです。たとえば、事情から貸金契約だろう……となれば、民法の消費貸借契約の問題だということがある程度推測がつきます。これは、消費貸借契約の具体例として、貸金契約などを覚えているからです。

もちろん、それだけでは済みません。消費貸借契約に関係する条文を使うとしても、いろいろな条文があるからです。

この使い分けですが、当事者が何を求めるかにより条文が変わります。

通常は、貸主が、借主に金を返せ……という話になると思います。しかし、場合によっては、借主が、貸主が渡した金銭には偽札が混じっているから、その分だけ真札をよこせとか、真札だった分しかお金は返さない……と主張するとなると、また他の条文になります。

もちろんその事件の処理に使う条文が何かということを探すのは簡単ではありません。

ここをクリアーするため、事件解決のためには法律にはどんな制度があるかをある程度は覚えておいた方がよいといえます。ただ、すべての法律を覚える必要はありません。覚えていないという場合でも、いざとなった時に初めて法律を調べるのでもよいからです。

そうこうして適用すべき条文が決まったら、ここで初めて、要件・効果という法律の使い方の知識が使えることになります。**民法五八七条**という条文を探せなければ、要件が明らかになりません。要件が分からなければ、あてはめもできません。

そして、**民法五八七条**には、今見たように、「返還の合意」「金銭などの授受」という二つの要件があがっています。後は、問題となる事件において、この条件を満たすかを考えます。

先ほどの事例では、この条件が満たされていないということはすぐに分かりました。これに対して、ＡがＢに貸金として既に一〇〇万円を手渡している……となれば、条件が満たされていることはすぐに分かります。

● なお、「金銭授受」のような要件といえる事実のことを要件事実といいます。対して、これにあたる具体的事実を、訴訟では主要事実といいます（本書で単に「事実」という場合は主要事実の意味であることが多いです）。両者の違いは分かりにくいのですが、要するに前者は抽象的、後者は具体的な事件から抽出されたものです。「犬をいじめてはいけない」という場合、「犬」「いじめる」が要件事実、「渋谷区在住のAさんの家で飼われている忠犬ポチ」「犬をめがけて石を投げる」が主要事実です。要件を満たすことを、「要件にあたる事実がある」といいます。

しかし、要件事実にあたる事実があるかどうかよく分からない場合もあります。たとえば、現金ではなく、AがBの口座に貸金を振り込んだ場合はどうでしょうか。郵便為替はどうでしょうか。小切手はどうでしょうか。さらに、一〇〇万円の商品券ではどうでしょうか。**このように、要件が満たされているかどうかは、必ずしも明らかではないのです。条文だけをみると、現金を渡す必要があるように思えます。**

答えとしては、振込、為替なら金銭を渡したことにします。小切手は特別な小切手以外は、金を渡したことになりません。商品券は金を渡したことに全くなりません。

しかし、振込や、郵便為替でもよい。郵便為替がいいのなら、同じく紙切れである小切手や商品券でもよさそうですが、なぜだめなのでしょうか。それは、換金性に違いがあるからです。振込みがあった場合は、単に金をおろすだけです。銀行は金がたくさんあるので、まず支払を受けられない可能性はありません。郵便為替も同じです。

しかし、小切手は、小切手の振出人の口座に残高がなければ、金に換わりません。商品券に至っては、もともと換金するものではありません。だから、小切手や商品券ではお金を支払ったと同じとはいえない。それでは、債権者に納得せよといっても無理だ。そういうことなのです。

以上の説明から要件事実があるかないかの判断は、意外と難しいのではないかということが感じ取ってもらえるでしょうか。それは、たとえば「魚」という抽象的な枠に、サンマは魚だが、鯨は魚ではない。タコは魚なのだろうか……と分類するのが難しいようなものです。要件があるかどうかの判断は結構難しいのです。

では要件事実の認定、あてはめを正確にするにはどういう訓練をするのでしょうか。まずたくさんの例を覚えます。そうすれば知っているものはたちどころにあてはめができます。その上で、知らない事例の場合は、知っている事例との比較で判断をするのです。前提となる知識がたくさんあればそれだけ正確性が増す可能性があります。ただ、見当はずれな知識の使い方をすれば、正確なあてはめはできません。暗記だけではなく、経験も重要なのです。

このことは要件を検討する前の法律を探す場合もあてはまります。その事件を解決するのに適当な条文を探すというのは、貸金契約だから消費貸借の一種だ……と、簡単なこともありますが、民法に直接定めがない契約などの場合、どの法律を適用するのかを判断するのか、難しいこともあるのです。

法律を使うのが難しいのは、（1）適用の対象になる条文を探すこと、（2）要件にあたる事実が存在するかどうかの判断が難しいことにあるといえそうです。数字をXに代入して計算する……では済まない。代わりに計算で困ることはないというのが計算と法律の利用との違いといえるでしょう。

ポイント
・法律を使う場合、適当な条文を探すのが難しい。
・さらに、要件にあたる事実があるかどうかの判断が難しい。

†なぜ要件・効果の構造が取られているのか

今の説明で、大まかな法律の使い方は理解できたのではないかと思います。

しかし、なぜ、法律やルールは要件・効果の構造を取っているのでしょうか。

それは、人に請求ができるか、または義務があるのかということは**目に見えない**からです。

犯罪をした人は目つきが悪くなるとか、金持ちは太っているとかいう事情が確実ならよいのです。誰に対する権利があるのかということが目に見えれば、権利・義務の存在が直接判断できるので、わざわざ要件→効果という構造を取る必要はありません。

しかし、実際は、善良そうな顔をした犯罪者はいますし、太っていても借金まみれということもあります。

もともと権利・義務というのは、請求ができる・請求される関係にあるということに過ぎません。

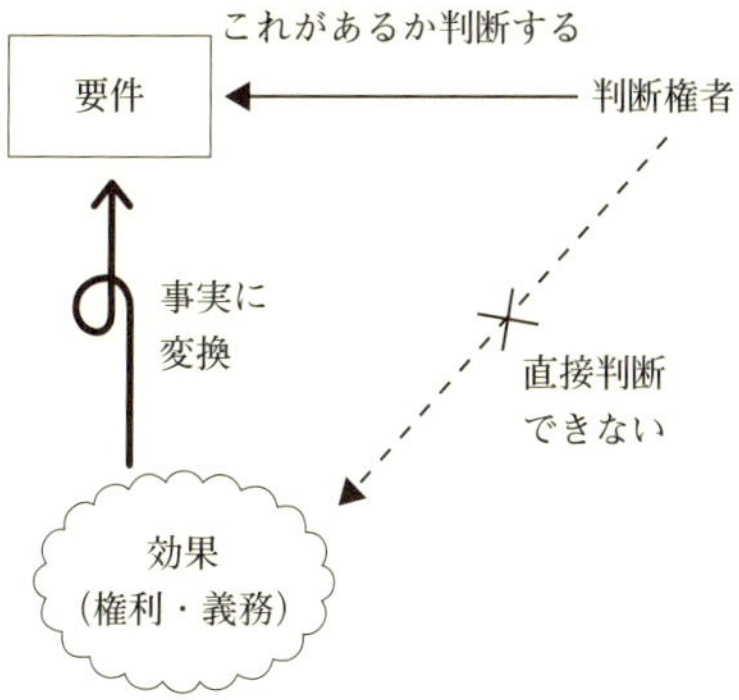

図２　権利・義務は目に見えない

そういう状態のことを便宜的に権利・義務と呼んでいるに過ぎませんから、権利・義務が直接目に見えるわけがないのです。

だからといって、権利・義務を目に見えないまま放置すれば、困ったことになります。というのは権利・義務を実現するには、言うことを聞かない人に強制することになるからです。

強制をしようにも誰が義務者かが分からなければ誰に強制すればよいか分かりません。ここで当てずっぽうに強制をすると、誤って罪がない人が罰せられたり、義務がない人が強制執行にかけられたりするおそれがあります。

強制執行というのは、人の家に入って、財産を奪っていくわけですから、普通の人がしたら、住居侵入や、窃盗、強盗、恐喝になってしまうようなことです。さらに、刑罰の執行として死刑にするというのは、殺人です。

こういうことが間違ってされたら大変だということはすぐに分かるでしょう。不法占拠だ！と家を取り壊されたら、住む家がなくなり、これを元に戻すことは時間がかかります。死刑になって、実はえん罪だということになっても死んだ人は帰ってきません。

反対に、誰のためにすればよいのかが分からないのも困ります。取ってきたお金が権利者ではない人に支払われてしまえば、本当の権利者が困ってしまいます。

だから、強制するには、前提として、**誰が権利者で、誰が義務者なのかという事実を確認し、間違いがないようにしなければならない**のです。

そこで、どうするのか。権利・義務というのは、請求できる、されるという状況ですから、そういう状況にあるといえるための事情を抽出します。事実は目に見えますから、権利・義務を個々の目に見える事実に置き換えるのです。

この置き換える作業をするのが国会であり、立法の作業と言ってよいでしょう。あることを禁じる法律なら、禁止しなければならないことを正確に法律に写し取る作業をするのです。もめ事を解決するための法律なら、起きそうな問題を予想して、それぞれごとに妥当な結論が導かれるように法律を組み立てます。

たとえば、先ほど出てきた民法五八七条を例に取りましょう。金銭の返還請求ができるという権利の発生を確認するために、法律は金銭の授受と返還の合意の二つの事実を要求しています。まず、金を渡していなければ、返せということがいえるわけがないことはすぐに分かるでしょう。

さらに、返還の合意が必要なのはなぜでしょうか。それは、金を渡したというだけでは、贈与――

あげたのかもしれないからです。金を渡したという事実だけでは返還請求権の発生は確認できません。返還の合意の存在を確認して初めて返還請求権の存在が確認されるのです。

うまく権利の存在が確認されるよう法律は工夫して作られていることが分かると思います。いわば、法律は、**目に見えない権利・義務の存在を確認するための公式**であると言ってよいでしょう。

このように法律は、要件にあたる事実があれば権利・義務の存在が確認できるように作られていますから、単純に要件事実の存在さえ確認すれば、正しく権利・義務の存在を判断できることになります。だから、法律家は安心して事件解決の際には、法律をピックアップして、その要件事実の存在の確認をするという作業に集中できるのです。

ポイント

・法律は、目に見えない権利・義務などの関係を目に見える事実を利用して確認する公式である。

†要件事実の認定は難しい

法律の使いこなしが難しいのは、（1）適用される法律を探すのが難しい、（2）要件にあたる事実があるかどうかの判断が難しいという理由によると説明しました。

このうち、（2）が難しいのは、要件と生の事実（当の事件を構成する事実）とのつながりが見えないからです。たとえば「金銭その他の代替物」という事実に現金が応当するということが分かるとしても、振込、郵便為替、小切手、商品券となるに従い、「金銭」という要件とのつながりが希薄になっていきます。このうちのどこまでが要件事実ありといえるのかということを見抜くのが難しいわけです。

では、以上のつながりがあるかどうかを判断するには、どうすればよいのか。この点についてもう少し詳しく説明します。

前にあげた、**刑法二〇四条**を例に取ります。「人の身体を傷害した者は……」が要件になります。この要件にあたる場合としてどのような場合があるでしょうか。そんなものは簡単だ。暴行して、怪我をさせた場合ではないか、社会常識でそんなもの判断できる……と思う人がいるかもしれません。

しかし、「人」の要件を満たすか、単なる社会常識からは分からない場合があるのです。たとえば、「人」に学校法人、宗教法人、会社は入るのでしょうか。入るわけはなかろうと思う人が普通だと思いますが、法人も民法の世界では、「人」とされているのです。

さらにもっと難しいのは、人は人でも、「自分」は含まれるのでしょうか。他人を怪我させるのが傷害でも、自分を傷つけるのはどうなのでしょうか。

「人」だけではありません。「傷害」の意味も必ずしも簡単だとはいえません。怪我をさせることが、ここにあたることは分かります。しかし、風邪をうつすのはどうでしょうか。さらに、法人の金を使い込んで、財務状況を悪化させるのはどうでしょうか。

この場合、社会常識だけで要件事実があるかどうかを判断するのは必ずしも簡単ではありません。「自分を傷つけることも悪いことだから、処罰するべきだ」とか、「『傷害』というのは怪我をさせることだから、病気にする場合は含まない」とかいろいろ考えられます。

ここで要件事実の有無を判断する決め手になるのは、その法律が作られた理由（立法趣旨といいます）です。たとえば、傷害は、人の身体を保護するため……怪我をして苦しいという状態になることを防ぐために、刑法による処罰の対象になっているのです。とすれば、「傷害」の意義としては、病気をうつすことも含まれることになります。怪我も病気も、体調が悪くなり、身体という保護法益が侵害されることに代わりはないからです。

同じく、「人」には法人は含まれません。法人が害されるとしても、所詮お金の問題です。体を怪我させられるのとは意味が違うのです。

さらに、「人」には自分を含めません。自分の体をどうするかということは、最終的には自分が決めることだからです。

実際、自殺をしようとして、未遂に終わっても処罰されません（既遂……つまり殺すことに成功したら処罰されるわけがありませんから、未遂の場合が問題になります）。となると、自分を傷つけるということなら、なおさら処罰されるいわれはないでしょう。

このように、法律は何らかの趣旨に基づいて作られていますから、その趣旨にあうように考えて、要件へのあてはめをするわけです。

ここは数学と必ずしも同じにならないところです。数学の場合もあるべき結論を推測し、そうなることを推論で確かめる……ということがあると思います。しかし、その結論が正しいことは推論により示さなければいけません。しかし、法律の世界では違います。**先に妥当な結論**があり、立法趣旨が存在します。そういう結論になるように事実の認定をするのです。

というわけで、要件へのあてはめをするには、単に社会常識があるだけではできません。その法律は何のために作られたのかということを覚えていないとできないわけです。

> **ポイント**
>
> **・要件事実の認定には、社会常識の他、その法律についての知識が必要である。**

†解釈はなぜ必要か

事件処理のために必要な作業は、請求の確認、条文の検索とあてはめだという説明をしました。この作業は事件処理に絶対に必要なのですが、それだけでは済まない場合があります。具体的には、「法解釈」をしなければならないことがあるのです。

ただ、法解釈といっても、何のことか、イメージを持てない人が多いと思います。もともと「解釈」というのは、意味を明らかにすることです。しかし、なぜ法律の意味を明らかにしなければならないのでしょうか。

たとえば、英文「解釈」というのは、英語はそのままでは意味が分からないからです。古文の解釈もそうで、現代語とは単語も文法も違うので、意味が分かるように解釈をする必要があります。

その点、法律の場合、文語のものもありますが、口語によるものが多いわけです（基本六法のうち、本書で引用されている条文をみれば分かるように憲法・民法・刑法は口語で書かれています。民事訴訟法・刑事訴訟法も口語です。まもなく商法も、会社法だけ独立させて、口語になります）。

口語の法律なんて、見たとおりだ、そのままではないかと思えるところです。たとえば、

刑法一九九条
人を殺した者は、死刑又は無期若しくは三年以上の懲役に処する。

とありますが、要するに殺人犯人は、死刑か無期懲役か、三年以上の懲役という罰のどれかが加えられるということだ。書いてあること以上に何を解釈するのだ……と思う人が多いと思います。

それでもなぜ解釈が必要なのでしょうか。それは、法律に不備があるからなのです。

たとえば、年金関係の改革法でも、誤植があるという報道がされましたが、それは珍しいことではありません。明治時代にできた刑法すら平成七年の改正まで誤植がそのままになっていた例があ

るぐらいです。

こういう場合、誤った文言に従って、法律を執行すれば矛盾・問題が出てきます。そうならないように、正しい文言に読み替えて法律を運用する必要があります。

また、立法当時には予想もしなかった事態が出てくることがあります。たとえば、刑法ならば、有価証券、文書などの偽造といえば、目で見て読み取れる文字・記号で書かれたものをいうとされてきました。

しかし、最近は価値がある文書・証券がどんどん電子データ化されるようになりました。身近な例としては、プリペイドカードがあげられます。プリペイドカードには、カードそのものをみても、たとえばテレホンカードのように残度数がどのくらいかが分からないものがあります。情報の重要な部分が目で直接読み取れない電子データ化されているので、伝統的な「文書」の概念にあわなくなっているのです。

● 以上の問題は、支払用カードに関する罪が新設され、解消されました。しかし、法改正があるまで、「文書」にプリペイドカードがあたらない。だから、偽造テレホンカードを売ったり、配ったりする行為は刑法で処罰できないのではないか……という問題があったぐらいなのです。

今の例ではちょっと分かりにくいかもしれませんので、もう少し分かりやすいものとしては「わいせつ物」があります。わいせつ物といえば、本来、文書や絵、写真のように見てすぐそうだと分かるものがわいせつ物とされてきました。しかし、最近はわいせつ画像がパソコンのデータになっています。

となると、わいせつ物とはフロッピーやハードディスク（情報記録媒体）なのでしょうか。これらの物を単体でいくら眺めても、ぜんぜんわいせつではないですよね（笑）。パソコンに接続して、中身を確認できる状態にして初めてわいせつ物だと分かるわけです。

この点はわいせつな音声・画像が録音されたカセットテープやビデオテープでも同じ問題がでてきます。

しかし、**刑法一七五条**によると、単にわいせつ物を所持しても罪になりません。「頒布」「販売」または「販売の目的で……所持」という要件を満たして、初めて罪になるとしています。

ここで、パソコンのデータを頒布するのに、少なくともハードディスクそのものを頒布するということはありえないでしょう。多くは、インターネットの回線を通じて頒布するわけです。かつて、わいせつ物の頒布というとそのものの実物を頒布するということを言ったはずなので、オンラインでデータをやりとりすることを「頒布」といえるか、これも難しいのです。

以上の問題が出てきた場合、「プリペイドカードが文書か」、「わいせつ画像が記録されたハードディスクがわいせつ物か」ということを検討しなければならなくなります。この場合、法律に書いてある要件の意味を考え直さなければならないのです（ただ、簡単に条文に使われている言葉の意味を安易に変えてしまうのも問題なのですが）。*さもなければ、法の網の目をくぐり抜けようとするものを取り締まることはできないでしょう。

* 法律の文言の意味を勝手に変えることが許されると、意味を読み替える前は処罰されなかった者が、処罰されるようになるかもしれません。これは不公平な結果になるおそれがあります。
また、ころころ意味が変わると、何に従って事件を解決すればよいか世間の人が分からなくなり、「先に結論が読める」という法律のいいところが失われてしまいます。詳しくは、法的安定性という概念の説明の中でも触れます。

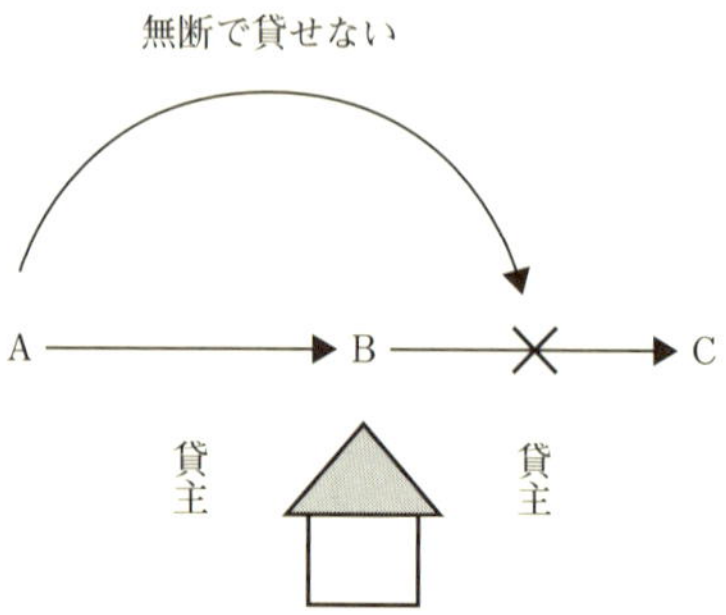

図3　民法612条の規定

時代にあわなくなったという意味では、法律をそのまま適用すると不当な結論になる場合というものがあります。たとえば、民法では、賃貸借における借主の地位があまりあつく保護されていません。ある者が土地を借り、建物を建てて住んでいたとしましょう。ここで貸主が土地を誰かに売り渡してしまうと、新しい所有者は「自分はおまえに土地を貸すつもりはない」と主張して、借主に建物を取り壊して、土地を明け渡すように請求ができる……というのが法律上は原則だとされています。

また、**民法六一二条**では賃貸借の借主が、借りた物を貸主に無断で他人に貸すことはできない。貸したら、契約を解除できるという条文があります。

貸した物を勝手に又貸しする者には「もう貸せません」というのは当たり前ではないか……と言われそうです。しかし、この条文の通りだとすれば、一戸建の借主が部屋の一つに内縁の妻を住まわせたとか、一階で店をしている建物で共同経営者に寝泊まりをさせたという場合まですべて契約を解除できることになります。その結果どうなるか。建物の借主というのは、経済的な弱者が多く、追い出されたら次に行くところを探すのに困ってしまうことになる可能性が高いのです。となると、転貸されても貸主がとくに困らないときまで、単に気に入らないからという理由だけで借主を追い出せるというのは不当だということになります。

中には、あえて立法の段階では内容を曖昧にして、後は現場の裁判官に判断を任せるという場合もあります。これは立法の段階で議論があり、いずれに落ち着くべきか結論が決まらなかった場合などにされることです。

このように法文の意味を、単に字義通りに考えるだけでは事件が解決できない場合がたくさんあるのです。

ポイント

・法律は、そのまま文字通りではうまく事件解決ができない場合がある。

法律には今説明したようなさまざまな問題点があります。だからといって、そのまま放置しては、事件が解決せず、法律を使って効率よく事件を解決し、世の中をうまく治めていくということができません。

「不当だけど、法律に書いてあるから仕方がない」では、世間が納得しません。事件解決のための道具として、法律は信頼されなくなるでしょう。

そこで、法律にみられる問題点を克服して、妥当な事件解決を目指す必要があります。

そこで行われるのが法律の解釈です。

つまり法律の解釈は、英語や古文の解釈のように、真の意味を明らかにするものではありません。たとえ本来の意味とは異なった意味になるとしても、立法趣旨などを参考にしながら、妥当な結論を導くような意味に取るのです。

法律は事件解決のための道具です。その道具は、事件解決という目的が達成できるよう、使いやすいようにカスタマイズする……おおざっぱに言って、これが法律の解釈というものだといえるかもしれません。

数学にたとえると、法律が公式だとすれば、その公式が不完全な場合、自分で公式を導き出した上で、あてはめの作業をすると言ってもよいでしょう。

ただ、数学の公式を導くのに、筋道を立てていかなければならないのと同じで解釈も直感的にすることは許されません。たとえば、ある文言について字義通りの読み方をしない場合は、なぜ字義通りに読まないのかを筋道を立てて説明をする必要があります。この筋道、ある解釈を導く理由のことを**法律構成**といいます。

法律構成には**判例**と**学説**があります。解釈は事件処理のため必要なものですから、事件処理をする役所である裁判所はもちろん法律構成をします。その裁判所による法律構成を判例といいます。これに対して、学者が独自にした法律構成のことを学説といいます。

判例と学説は意見が分かれることが多いです。学説の中でも意見が分かることがあります。このように条文が不完全で解釈のポイントになるところ、意見が分かれるところを**論点**といいます。判例と学説といえば全然違うもののように感じる人もいますが、論点に対する法律構成であるという点は同じであると考えて、差し支えありません。

＊　ただ、判例として確定し、世に通用するためには最高裁判所が下した判例である必要があります。最高裁判所は日本に一つしかありません。この最高裁判所が判断をすることで、法律の解釈を統一する役割が期待されているからです。したがって、判例とは最高裁判例のみを指すと考えることもあります。

ポイント

・事件において妥当な結論が出るように法律を解釈する。解釈といっても、本来の意味を明らかにするのではない。

・解釈の結果導かれる論理構成を法律構成という。さらに裁判所が下した先例としての法律構成を

　ここで、大変重要な説明をします。それは、解釈というのは、濫用は許されないということです。前に類推解釈は、法文の無視につながりかねないから、避けるべき時もあるという話はしました。しかし、それ以外の解釈でも、結局のところ法文に書いてあることに大なり小なりの付け加えをするものです。

　しかし、そういう付け加えをすればするほど、それは法律に従って事件を解決していないのではないかという疑いが強くなっていきます。

　たとえば、あるクラブ活動で「男子は髪の毛を三分刈りにすること」というルールがあったとします。これを場合によって五分刈りにしてよいという意味だ……のような読み方は普通はしないでしょう。したとしても、「規則破りをするためのへりくつだ」「勝手なルールの作り替えだ」といわれてしまうかもしれません。

　また、そういう読み方を認めれば、結局人によって、法文の読み方がまちまちになるおそれがあります。となると、その意味を確定するのに手間がかかります。そうなると、定まった通りの処理をすることで、迅速・公平に事件処理できるという法律というルールにより事件を解決する効用が生かせなくなるおそれがあります。

したがって解釈という作業は、必要がなければするものではありません。解釈をしなくても妥当な結論が導かれるのなら、法文通りに事件処理をすることが望ましいんだということを忘れないようにしましょう。

法学で中心的に扱うのは、法文の解釈です。そのため、法学を学んでいると、論点ばかり勉強をすることになり、現実の事件処理でも解釈をしないと落ち着かない……という状況に陥る人がたくさんいます。答案でも論点ばかり書こうとして、肝心の事件解決という視点が欠け、不当な結論を出して平気な人がよくいます。

しかし、それは法律による事件解決の姿勢としては誤っていると言わざるを得ません。勉強をするまでは、解釈と称して法律はおろか、校則や社則でもそれを読み替えるということはしていなかったはずです。勉強をしても、そういう勉強をしていなかった時の気持ちは忘れないようにしなければいけません。

そして、解釈は事件処理の際に、法文そのままではうまくあてはめができない、その事件の処理ができないという場合に、やむを得ずするものだというぐらいに考えておいてください。

また、解釈の際にも、その理由づけの中に、法文（それは問題となる法文の他、参考になる法文をすべて）をできる限り取り上げるようにして、法律を使って事件処理をしているという姿勢を見せなければなりません。

ポイント

・解釈は濫用してはならない。なるべく法文の文言通りに事件処理をするよう心がけ、それがうまくいかない場合にやむを得ず解釈をすること。

†法律による事件解決手続の流れ

以上の説明のまとめとして、法律の解釈を伴った事件処理についての説明をしましょう。

（1）事件が起きた場合、まず当事者の請求が何かを確かめます。これを確認しないと、使うべき法律が決まらず、事件は解決しません。
（2）請求を確認したら、請求の根拠になる法律を探します。
（3）法律が明らかになったら、その要件を確認します。ここで、要件が不明確な場合や、導かれる結論が不当なものになりそうであるなど、問題がある場合に限って法律の解釈をします。
（4）以上の作業で要件を明らかにしたら、次にあてはめです。要件にあたる事実があるかどうかを確認します。
（5）要件があれば効果が発生します。なければ効果は発生しません。

以上が法律を使った事件解決の流れです。

しかし、これは基本的な流れで、これで話が終わるとは限りません。それは、請求を基礎づける法律の根拠があっても、効果の発生を妨げたり、発生した効果を消滅させたりするという、相手方にとって有利な法律も存在するからです。

たとえば、民法の場合、契約が成立したように見えても、詐欺によるものだという場合は、騙されて契約をした人は、契約の取消をすることができます。

もしも請求が売買代金の支払いであり、契約の成立が証明されても、契約が取り消されれば、契約はなかったことになるので、請求は認められないことになるでしょう。

さらに、もう支払い済みだという場合が考えられます。この場合、確かに契約の成立が確かめられても、それによって発生した法律効果はもう消滅していることになります。

刑法なら、人を殴って怪我をさせたら、傷害罪（二〇四条）になります。しかし、これが被害者が先に殴りかかってきたので、身を守るためにやむなくした行為だとすれば、正当防衛として犯罪は不成立となります。

このように、一方の主張を基礎づける法律とその要件事実があっても、他方がそれに対して自分に有利な法律とその要件事実を証明して、**反撃をすることができる**のです。

このような反撃をするには、やはり法律の根拠をあげ、必要なら解釈をし、あてはめをするという作業が必要になります。つまり、今説明した、基本的な法律を使った事件解決の流れを**いくつも**

つなぎ合わせて事件処理をしていくこともあるということです。

ポイント
・主張を基礎づけるために、法律の根拠と、その要件にあたる事実があることを示す。ただ、相手も同じことをすることがあるから、それだけで終わるわけではない。

以上から、法律の使い方の中で絶対にしなければならない作業は、要件事実の確認だということだということが分かってもらえたと思います。

たとえば、貸金の支払を求めて裁判を起こした人がいた場合、裁判所にとって、この人は赤の他人です。だから、本当に訴えた人が債権者で、訴えられた人が借金をしているのかということは分かりません。そこで、裁判所は訴えた人に権利があり、訴えられた人に義務があることの証明を求めます。

しかし、いきなり権利を証明せよといわれても、困るでしょう。その場合に備えて、法律がありをます。つまり、訴えた人は適切な法律を探し、その要件事実を証明することで、自分の権利を証明することができるのです。

これに対して、訴えられた人にとっては、要件事実がないとなれば自分が勝てることになります。

だから、訴えた人の証明が失敗するような行動をとることになります。証明を失敗させるだけでなく、独自に自分に有利な効果が発生する法律を指摘し、その要件事実を証明しても構いません。以上が、訴訟の審理です。

こうしていくと両者がすべての手を尽くしたところまでいきます。そこで、裁判所が判決によって白黒つける……これが裁判です。

だから、法律による事件処理というと、法廷では法律的な議論が飛び交っているんだと思う人がいます。しかし、実際はそうではありません、裁判で法律問題が争われることはありますが、結局のところ裁判所がどういう事実を認定するかによって、結論が決まるのです。だから、訴訟で特に当事者が力をいれてすべきなのは、要件事実があることの証明なのです。実際の訴訟でも、どのような事実があったかが争われるのが普通なのです。

ここに、腕のいい弁護士かそうでないかで結論が変わる理由が隠されています。一般の人は、法律に定められた通りなのだから、誰が裁判をやっても同じだと思いがちです。なぜ、弁護士によって裁判に勝ったり負けたりするのだろう……そう疑問に思ったことはありませんか。

それはいい弁護士は依頼人に有利なように裁判官に事実を認定させるのがうまいのです。だから訴訟に勝てるというわけです。外国の法廷もののドラマを見ていると、陪審員（陪審制には、裁判官ではなく、陪審員が事実認定をするものがある）に向かって一生懸命説明をしたり、証人に質問をして、自分達に有利な証言を引き出そうとします。すべては有利な事実を認定させるものなのです。

ポイント
・裁判の勝敗を決める鍵は、多くの場合は争点における事実認定にかかっている。

この点、法律論……論点の解釈が勝敗に影響をすることがないとはいえません。しかし、大抵の事件では、要件の解釈は必要がないから、あったとしてもこれまでに裁判所がした解釈……判例にしたがって処理をするしかないのが通常です。

なぜ、解釈では勝敗は決まらないのでしょうか。その理由の一つが、論点は大抵出尽くしていて、新しい論点などなかなか出てこないということがあげられます。そして、既に知られている論点については、裁判所が下した解釈にしたがって処理されるから、法律論で違った結論を出しようがないのです。

なぜ判例ですべて処理されるのでしょうか。それは、事件によって不公平な結論にならないようにするためです。つまり、全く同じ問題が出てくる事件なのに、ある裁判官が裁判をすると原告が勝ち、他の裁判官が裁判をすると被告が勝つ……となると、裁判で負けた方は必ず文句をいいます。あの裁判官なら俺を勝たせてくれるぞ！　と。

となると、当事者が納得せず、事件が解決したとはいえないことになるおそれがあります。世間の人も、場合によってころころ結論が変わると、不公平ではないか、運・不運で裁判の勝敗が左右されるのではないか、さらには勝訴した側と裁判所の間に何かあったのではないか……と思うかもしれません。裁判所の信頼が失われることになります。

反対に、判例通りに処理をしておけばどうでしょうか。「何で自分が裁判に負けるんだ。納得いかない！」という人がいても、「いや、同じ事件ではそのように処理をしている。当裁判所の判例通りだから、君だけ特別扱いするわけにはいかない」と、当事者を納得させることが可能なのです。

当事者に納得させる理由はやはり、「法律に書いてある通りである」というのがベストです。妥当な結論でありさえすれば、負けて不服がある者も引き下がるしかありません。その次に説得的なのが判例にある通りといってよいでしょう。

一方、判例と同じく、論点に対する考え方、法律構成と言われるものに学説があります。しかし、学説は事件解決では使われません。それは、法律や判例ほど、世間の人の信頼がないからです。国会が作った法律の通り、先例の通り……ならば、公平さの担保ができます。しかし、ある事件の解決に突然学説を持ち出しても、当事者がその学者を尊敬しているのならともかく、大抵は「××先生の説だ」といっても「誰それ？」となってしまうでしょう。

学説は、新しい問題が出てきて、既存の判例ではうまく説明できない、妥当な結論が導けないという場合に、参考にされることはありますが、現実の事件解決において果たす役割はその程度のものです。実務における重みは、判例とは全然異なると考えて差し支えありません。

ポイント

・解釈が事件の勝ち負けを決めることは実際には滅多にない。多くは条文および判例の通りに処理されるからである。

以上のようにして、判決が下されると、債権者に権利があること、またはないことが明らかになります。権利なしとなれば、それっきりですが、権利があるという場合は権利を実現しなければいけません。

ここまでくればもう権利があることははっきりしていますから、強制をしても問題はありません。そこで、もし裁判に負けた被告が、自分から義務を果たそうとしないなら、国が強制執行として、強制的にお金を取り立ててくれるわけです。刑事裁判なら、有罪となった被告人は刑の執行を受けるわけです。

事件処理の手続としては、大きく分けると民事訴訟（民法、商法などが関連する）・刑事訴訟（刑法が関連する）がありますが、いずれにおいても基本は同じだということが分かって頂けたでしょうか。

†法律の使い分け

以上で、すべての法律に共通する使い方を説明したことになります。しかし、どの法律も使い方が同じだといっても、法律はものすごくたくさんあります。

基本六法だけで、憲法・民法・刑法・刑事訴訟法・民事訴訟法・商法があります。しかし、法律は六つだけというわけではありません。みなさんは、六法にはなぜ『六法全書』のように分厚いものから『ポケット六法』というようにコンパクトなものまであるのかと不思議に思ったことはありませんか。これは、法律には六法しかないのではなく、その特別法がたくさんあるからなのです。たくさんある法律を載せる量が多ければ分厚くなるし、少なければ薄くなるのです。

では、法律がたくさんあるとすると、どのように事件を解決するための法律を使い分けるのでしょうか。

これは、結局は自分の希望を叶えるのに最も適切な法律を探すというのが基本になります。ただ、自分の希望を叶えるのはどの法律なのかとか、反対にこの法律は自分とは関係がない、使えないということを判断するには、法律の分類というものを知っておいた方がよいでしょう。この知識が法律を選択するヒントになるからです。

まず、実体法と手続法という区別があります。ここまで具体例としてあげてきた民法や刑法はこの実体法にあたります。つまり、実体法とは、一般社会生活において適用される法律で、「買った物を引き渡してほしい」「報酬を払ってほしい」「不法占拠者には出て行ってもらいたい」「盗みを犯した者は処罰されるべきだ」など、叶えたい内容そのものについて定められた法律だと言ってよいでしょう。普通にみなさんが法律といって思いつくのが実体法です。

これに対して、手続法というのは、実体法に定められた権利・義務、法律関係を実現する手続を定める法です。

つまり、実体法にいくら立派ですばらしい内容が定められていても、それを実現するため強制をしなければならないという説明をしたと思います。その強制をするための手続を定めた法が手続法なのです。

手続には、強制をするには権利・義務など法律関係の存在を明らかにする段階と、明らかになった権利・義務を実現する段階があります。法律関係を明らかにする手続が訴訟で、訴訟のルールを定めたのが訴訟法です。だから、訴訟法は手続法の一つです。また、権利・義務が明らかになった場合、その内容を実現する手続も必要です。そのときに適用されるルールを執行法といいます。

法律を勉強するまでは、法律というと実体法だけあればいいやと考えてしまいがちですが、それは正しくありません。実体法は、それを実現するための手続があって始めて意味をなすのです。実体法はそれだけがあっても絵に描いた餅であって、手続がこの意味を発揮させるのです。

ただ、この手続で、権利・義務の確認がいい加減に行われたら、元も子もありません。また、強制執行が誤ってされたら、間違って執行された者は大きな損害を被ることになります。だから、手続が間違いなく行われるように、ルールを決めておく必要があります。これが手続法です。

というわけで、実体法は、手続法により正しい手続を経て初めて実現されるということになります。手続法は、実体法に意味を持たせるために絶対に必要なのです。

とはいえ、実体法がなければ、手続法も意味をなしません。実体法の実現は手続法の目的ですから、その目的を欠いては手続法の存在意義は認められません。また、実体法には、正しく権利・義務の存在を確かめるための要件が定められているのですから、これがなければ訴訟をすることができません。手続法もまた、実体法がなければ意味がないわけです。

つまり、実体法と手続法は車の両輪であり、いずれを欠くこともできない関係にあるといってよいでしょう。

実体法の方は言われなくても重要だということが分かるので、皆さんもしっかり勉強をします。しかし、手続法は、なじみが薄いからか、よほどしっかり勉強をしてからでなければ、その重要性が理解できません。分からなければ、勉強をするのに熱心にもなれないでしょう。

実際のところ、手続法が好きだという学生は少なく、とくに民事訴訟法は民訴ならぬ〝眠素〟とも呼ばれることがあるぐらいです。これは民事訴訟法の概説書は親切なものが少ないという理由があります。それでは困るので、ここで手続法も実体法と同程度に重要なんだ。だからしっかり学ばなければならないということを強調しておきたいと思います。

ポイント

・法律は実体法と手続法とに分類できる。
・実体法と手続法とは一方だけでは十分に目的を達成できない。いわば車の両輪の関係にある。だ

からこそ、手続法は実体法に負けないぐらい重要といえる。

その他、法律の使い分けという観点からは、一般法、特別法という分類もあります。一般法は、時・所・人・対象などを問わず広く適用される法です。特別法はその逆です。つまり特定の条件を満たした場合ににだけ適用される法だいうことになります。なぜこのような分類がされるのでしょうか。本来、広く適用される法があればそれで事足りるはずです。しかし、一般的には妥当な結論が導かれるルールであっても、特定の条件の下では不当な結論しか出てこないということがあります。

たとえば、民法では消費貸借契約は無償契約となっており、金を貸しても利息を取ることができません。利息を取るには特別の約束が必要なのです。しかし、商人は金を儲けるのが仕事ですから、利息など何もいわずとも取るのが当然と言っていいでしょう。そこで、商法は民法の特則をおき、商人間では特別な契約をせずとも利息を取れるように修正しているのです（商法五一三条一項）。他にも、民法ではある財産を質に入れた場合、質流れの契約をすることを禁止しています（民法三四九条）。しかし、これでは質物の処分にいちいち裁判所の関与をさせることが原則になってしまい、質屋が商売になりません。そこで、商法や質屋営業法などでこのルールは修正され、質屋は質流れの契約をしても違法ではありません。

要するに、特別法は、一般法では十分ではないところを補充し、修正するためにあるといってよいでしょう。したがって、特別法は一般法に優先して適用されます。その代わり、特別法は特別な条件を満たした場合のみ適用されるわけですから、それ以外の場合は一般法が適用される……というように合理的な使い分けができるのです。

他、法律の分類の仕方としては、公法と私法という区別もできます。前者は国と一般国民とが関わりを持つ法律関係で適用される法律、私法は私人……一般国民同士の間の法律関係で適用される法律です。

具体的には、公法は、憲法、刑法、行政法、刑事訴訟法などがそれにあたります。私法は民法、商法などがそうです。

公法・私法の区別は、扱う事件が国との間の法律関係か、一般市民同士の法律関係についてのものであるかによって使い分けます。さらに、私法では、当事者の両方が同じような立場にある者であるのに対し、公法では、当事者の一方が国だということになります。そのため、このような違いが解釈に影響してきます。具体的には、私人には自由が認められますから、必ずしも合理的な行動をすることは求められないことです。他人に損害をかけない限り、契約をするもしないも、誰と契約をするのも自由だ……というように現れます。

一方、国は国民のような自由はありません。したがって、国がすることは一定以上の合理性がなければ許されません。余計なことをすると、国民の自由が制限されたり、税金が無駄遣いされるなど、国民の権利を侵害するおそれがあるからです。

詳しくは、法律を詳しく勉強をするうちに、公法・私法の区別がどういう意味があるかは分かってきますから、今は右で説明した程度におおざっぱに理解しておいてくだされればよいでしょう。

なお念のため確認しておきますが、このように法律がいろいろあっても、最初に説明した要件・効果という構造は変わりません。解釈も必要ですから、その点は間違えないようにしましょう。

ポイント

・法律には一般法・特別法、公法・私法などの分類がある。使う法律を選ぶのにこの区別にも従わなければならない。

第　3　章

法律による事件解決の実践

本章では、法律を使って事件解決をするために必要な、もう少し高度なこと……法律を使いこなすための技術について説明をします。

この章の説明を読むと、（1）事件の解決は、法律を機械的に適用するだけでは無理である。だから、法律による事件処理というのは難しいということと、（2）ただ、事件解決にもコツと技術という手がかりがあるから、これに頼ることで事件処理の道筋は必ず立つということが分かってもらえると思います。

いずれにせよ法律による事件処理をきちんとするには、この章で説明する技術を知らなければ絶対にできません。ここで説明することは本当に法律を使えるようになりたいという人にとって必習の事項だということを付け加えておきます。

†法律的な論理の組み立て方１：結論から考える

法律による事件解決というと、問題となる事件に法律という公式を適用し、機械的に出てきた結論によるだけだと思っている人は大変多いところです。

確かに、事件処理にあたっては、**できる限り法律から素直に導かれた結論であるという体裁を取ることが必要**です。法律に根拠がない結論による事件解決ということでは、法律による事件処理だとはいえません。何か勘違いをして「常識だから」「世間が許さないから」といって、自分の我を通そうという人がいますが、それでは誰も説得できないでしょう。

しかし、実際に事件解決をする際には、法律という公式から結論を導くという単純な作業だけで済むものではないのです。

もともと法律という道具は抽象的で、厳密にはできていません。極端な例になりますが、次のようなものがあります。

民法一条二項
……義務の履行は、信義に従い誠実に行わなければならない。

これは「義務を果たす際には、信義にもとることがないよう、誠実にしなければならない」ということです。こういう条文にしたがって結論を導こうとしても、人によって結論がまちまちになる可能性があるということは誰でも分かるでしょう。これは、あまり具体的に定めすぎると、適用できる事件が少なくなってしまい、事件処理に支障を来すからです。

このように抽象的な規定を利用する時には解釈をする必要があります。ただ、この場合に、単に筋道を通しているると思っているだけでは、知らず知らずのうちに間違った方向に向かってしまうものなのです。

人が歩く時にまっすぐ歩いているつもりでも、右足と左足では力が違うせいで、どんどん斜めに曲がっていってしまうという話があります。法律による論理の積み重ねもそれと似たところがあります。

ここで間違った方向に曲がっていかないようにするにはどうすればよいでしょうか。それは、先にゴールを決めておくことです。目標が定まっていれば、後はそちらの方向に歩くことだけを考えればよいわけです。多少ふらふらするかもしれませんが、大きな誤差はなく、正しい筋道をつけることが可能でしょう。

つまり、法律による事件解決では、法律による論理を積み重ねるだけでは足りません。結論から逆算して、論理が間違えた偏った方向に向かっていないかを確認するという作業が必要なのです。迷路で言えば、単に入り口から出口をたどるだけでは、試行錯誤の末、大変苦労して道筋を見つけなければいけません。しかし、出口からも道筋をつけ、両方を総合して考えれば、早く正しい道筋が見つけられるはずです。法律でも同じ作業をするのです。

いや、迷路ならば間違えたルートなら、間違えているということが分かるだけまだましです。法律による論理構成は、その気になればどんな結論でも出せます。正しくたとえるとすれば、ただっ広い草原のど真ん中に放り込まれて、さあ目的地に行けというものです。だから、先にどの方向に向かって歩くかを決めなければ目的地などたどり着けるわけがありません。目的地に変わるのが結論です。これを決めたら後は、六法というコンパスを頼りに目的地に向かうための道筋をつけていくのです。

ポイント

・法的な論理は、見かけは条文や理論の積み重ねから結論が出されているかに見える。しかし、理論を組み立てるときは、結論を先に決め、そこから逆算するというルートも取る。

・早く正しい筋道を導くため、事件処理においては条文や理論を積み重ねるだけではなく、先に結論を決め、その結論につながるように理論構成をすることになる。

以上の説明について理解を深めるため、簡単な例で実践してみましょう。

事例　Aは某年九月一日、友人Bから山小屋を引渡は同年九月一七日、代金支払は同年九月三〇日という約束で、売ってもらう契約をした。ところが、同年九月一五日に落雷に伴う火事により消失した。この場合、AはBに同年九月三〇日に代金を払わなければならないか。

日付がいろいろ入っているから、ややこしいのですが、要するに代金支払も引渡もないうちに、売る約束になっていた物が消滅し、引渡ができなくなったという事案です。

この場合、Ａは商品を受け取っていないわけですから、代金など支払う必要があるわけがないと主張するでしょう。しかし、Ｂは納得するとは限りません。家が消失したのは自分のせいではないのにそれでは自分ばかり損をすることになる。それは不公平だと。契約は契約だから払ってもらう。こういう主張をするかもしれません。

このままでは議論は平行線をたどるおそれがあります。

では、そこで、このような事例に対して、適用される法律から結論を導いてみましょう。

上の事例は、当事者いずれの責任があるわけではないが、物の引渡ができなくなった場合です。こういう場合に適用する条文は**民法五三四条**です。これは、契約締結後、契約上の義務が果たせなくなった場合に利益調整をするための条文です。条文の目的はできれば暗記しておきます。そのうえで今回は、そういう利益調整が必要そうだ……と思ったら、そこでこの条文を思い出すのです。

もしも適切な条文を思い出せなかったら法文の見出しや目次をたよりに適切な条文を探すことになります。

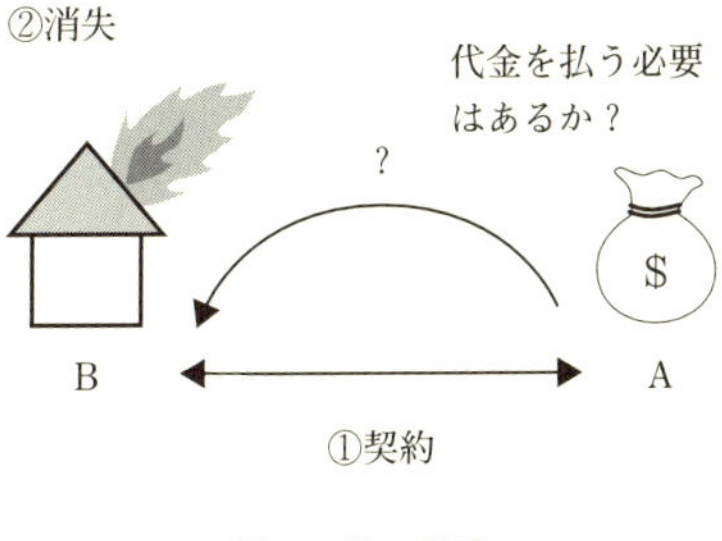

図４　物の消滅

条文は一定のルールに従って分類されています。その分類を利用して条文を検索します。どういう分類になっているかについては、民法の講義や専門書で解説されますから、そちらで参照してください。

民法五三四条

①特定物に関する物権の設定又は移転を双務契約の目的とした場合において、その物が②債務者の責めに帰することができない事由によって滅失し、又は損傷したときは、③その滅失又は損傷は、債権者の負担に帰する。

②「債務者の責めに帰することができない事由によって滅失」とあります。「両当事者の」とはありませんが、実は債権者の責めに帰すべき場合に関する条文は別にありますので（民法五三六条二項）、結局五三四条は債権者にも特に責任がない場合で、物が何らかの理由で消滅した場合の条文だということになります。

さらに、上の条文は①「特定物に関する物権の……移転を双務契約の目的とした場合」とあります。特定物の移転というのは、契約当事者が契約の当初から、引渡すべきものが決まっている場合だということです。家というのは、どの家を引き渡すのでもよいということにはいきません。契約当初から、どの家を引き渡すべきか決まっている場合として、特定物だといってよいでしょう。

つまり、今回の事件は、**民法五三四条**の要件をすべて満たしているので、これが上の事例を解決するのに適用されます。

では、効果はどうなるかといえば、③「債権者の負担に帰する」……つまり、債権者が損をするとあります。この場合の債権者というのは、消滅した債権の債権者です（これは民法の講義で学べることです）。つまり、物を引き渡せと請求できる買主です。

買主が損をするのですから、買主は代金を払わなければならないという結論になるでしょう。もし代金を払わなくてよいとなれば、家が自分のものになるという期待は裏切られるだけで、実害は発生しません。損をするという以上、代金を支払わなければならないという結論になるはずです。

これが法律を形式的に適用した場合の結論です。法律の条文のみによる事件処理をするというのなら、以上の説明でおしまいです。

しかし、この結論の通りで済むかといえば、そうはいかないでしょう。全く商品の引渡がなく、指一本触れていないうちに、その物が消滅したのに代金を払わなければならないというのは、非常識だというべきです。少なくとも、無条件に買主Aが代金を支払うという結論になることは避けなければなりません。

このように結論を定めたら、その結論につながるような法律構成をします。

たとえば、**民法五三四条**をそのまま適用すると不当な結果になるのなら、**その適用を排除してしまえばよい**ということになるでしょう。そして、ある条文の適用を排除するには……**条件を厳しくす**

ればよいのです。条件を厳しくすれば、適用される場面は当然減ります。条件を厳しくするというのは……もちろん、新しい条件を増やせばよいのです。条文に書いていない要件になってしまいますが、妥当な結論を導き出すため、最小限の修正だけします。ではどのような修正ならば許されるでしょうか。

改めて妥当な結論を考えてみましょう。買主が代金を支払うのもやむなしという事情はどういう事情なのでしょうか。それは、やはりまさに自分のものになったという瞬間以降でしょう。車を買って、乗って家に帰るときに事故に巻き込まれて車が廃車になった……という場合なら、不幸なことではありますが、代金を払わなければ仕方がないということに大抵の人は納得するはずです。

では、自分のものになったという瞬間というのはどこなのでしょうか。それは、先ほどの車の例のように引渡しを受けた場合がそれにあたるでしょう。また、不動産なら名義移転（登記移転）をしたときでしょう。登記名義が移転したら、完全に自分のものになるというのは、不動産取引における正常な感覚です。

となれば、**五三四条**の適用には、登記移転・引渡があったときから……という条件をつけ加えればよいでしょう。これで妥当な結論が導かれます。最初の事例でいえば、引渡しても、Aは代金を支払う必要がないということになります。

以上、逆算する流れもなかなか曲がりくねっていたと思いますが、だからいっそう、条文だけから結論を出そう……としても、決して妥当な結論は導けないことになります。

†法律的な論理の組み立て方２：条文から考える

このように結論から論理を修正するという思考方法ですが、実際は、この方法で一〇〇パーセント事件処理ができるわけではありません。

たとえば、直感的に導いた結論が間違っていることがあります。そもそも妥当な結論とは何かが分からないということもあります。

こういう場合に、結論を導いたり、修正したりするのに法律の論理が役立つということがあるのです。

たとえば、結論が間違っている場合でも、法律的な筋道をつけるために、その法律の趣旨や、他の法律を探している間に、それがヒントになって妥当な結論が何であるかを思いつく場合がありま す。また、そのような結論を取らなければならない場合、仮に法律を機械的に適用して結論を出し ます。これを検証すると、確かにそれが妥当な結論だということが確認できる場合があるのです。

たとえば、飲食店で、支払の時点になってお金がなかったことに気がついたので逃げたが、店員に捕まった。これは現行犯だから、当然、処罰されるだろう……と考えると、これは間違いです。答えは、「法律がないから処罰できない」というのが適切です。

このようにいわれると、だから法律家は常識がないとか、融通が利かないとかいわれそうです。

しかし、後から金がないのに気がついて、支払うのを免れようとした——というのは、代金債務の履行をしない――債務不履行に過ぎません。もっと簡単にいえば、これを処罰するとなると借りた金を返さない人はすべて刑法犯になってしまうおそれがあるのです。それでは、処罰をする範囲が広がりすぎると言わざるを得ないでしょう。

実際、債務不履行をしただけで処罰するという条文は刑法にはありません。それでも処罰するとなれば、今説明した不都合がおきます。また、条文がなくても処罰するというのは危険な考え方です。条文がなくてよいのなら、警察と検察官、裁判所がぐるになれば誰でも何らかの理由をつけて処罰できるということになるでしょう。

そういうことにならないように、刑法では罪刑法定主義という大変重要なルールを学びますが、これは刑法の勉強を始めたらしっかり勉強をするということでよいでしょう。

＊

今説明した事例で、「食い逃げ犯は窃盗だ」と考えてしまう人が多い理由は、人は目先のことしか、なかなか考えられないということです。しかし、他の事例でも問題が出ないようにしようと広い視点を持てば、全く異なった結論が導かれ、そちらの結論の方がよいという場合があるのです。だから、法律的なものの考え方に慣れないうちに直感だけで結論を考えても、妥当な結論は導かれないでしょう。これは法律を学び、その論理を学ぶことで、徐々に修正されていくのです。

勘違いしてほしくないのは、法律の世界では非常識でよいというものではないということです。

先ほどあげた例でも、なるべく処罰した方がいいんじゃないかと、罪刑法定主義に反しない限度で処罰をする工夫をすることは必要です。たとえば、最初から食い逃げをするつもりで飲食物を注文したという場合は、相手を騙しているから詐欺罪になる……とかそういう感じです。

素朴な結論、常識的な結論も大切です。ただ、**それが間違っている可能性**も探ってみることが大切なのです。

その意味で、妥当な結論を導き、それに頼り切るというのではなく、その結論が正しいかを、法的理論を組み立ててしっかりと検討するという態度が絶対に必要だということは忘れてはならないでしょう。

というわけで、あくまで結論から逆算するアプローチと、条文・理論を積み重ねて、論理を考えるアプローチは、**適宜組み合わせて考えるのが適切**だということになります。

ポイント

・事件解決のための妥当な結論は、直感ばかりに頼って導くのではない。時には法的な理論から、その結論の適切さを検証することも必要である。

†リーガルマインドとは何か

よく法曹や法律の解釈においては、**リーガルマインド**（法的思考）が重要だという説明がされます。しかし、リーガルマインドなるものが何かということの説明はあまり聞いたことがありません。そこで、私が読み取った、リーガルマインドなるものが何かということをここで説明します。

仮に私が今から説明することがリーガルマインドでないとしても、この心構えが事件処理にのために必要だという事情は変わりません。どういう用語を使うかは別として、大変重要な話をしますので、心してください。

法律や理論を組み立てて結論を導くというのは最終段階であって、実際に理論を組み立てる過程では、結論から逆算することも必要だという説明はもうしました。

しかし、その結論はどこから出てくるのでしょうか。もしも、これが単なる直感から導かれるに過ぎないとすれば、事件処理を担当する人によってまちまちな結論になってしまう可能性がありま す。これでは、誰に事件処理をしてもらうかによって、自分が勝つか負けるかが変わってくることになり、事件処理が運不運に任されることになりかねません。したがって、結論を導くにあたってはもっと確かな思考過程をもってすべきです。

また、結論を導くため、法律構成をするにあたっても、何となく、結論につながるようにすればよいというだけのものではありません。これも一定の公式に従って行った方が、確かに答えを導くことができます。また、説得力も高まるでしょう。

つまり、結論を導くにも、法律構成をするにあたっても、間違った方向に進んでいないかを確かめるための物差しのようなもの、公式があるとよいわけです。

そんなものが実際にあるのかといえば、私は、それこそがリーガルマインドだと思っています。

ポイント

・理論構成の筋道と結論とをつなぐ橋渡しをする際に、目安にする物差しがリーガルマインドである。

法律というのは、事件処理の道具で、それ以上でもそれ以下でもありません。したがって、法律を使った思考とは、事件処理のための思考だということになります。したがって、リーガルマインドとは何かを考えるにあたっては、事件処理のための思考方法だという点に矛盾しないようにしながら、その意味を考えなければなりません。

では、事件処理にあたって重要なこととは何でしょうか。それは**妥当な結論**です。妥当な結論を導くものでなければ、いくら筋道が正しく見えてもそれは誤っているといわざるをえません。いかに筋道が通った理論に思えても、結論が「だから、子供も女性もみんな殺せ」というものならば、それはすべてが誤りというべきでしょう（例は、**野崎昭弘『詭弁論理学』中央公論社**から借用しました）。

妥当な結論は事件処理の命です。リーガルマインドといっても、この点を決して見失わないようにしなければなりません。

ただ、妥当な結論と一言で言っても、どういう結論を導けばよいのかはそう簡単に明らかになりません。妥当な結論というのは、時代、場所、当事者のおかれた事情という様々な事情に影響を受けて変わってくるものだからです。妥当な結論が何かということは、**諸々の事情を総合して考えなければならない**点で、既に法律家という専門家が必要だということが分かります。やはりパソコンソフトでは事件解決ができないのです。

ただ、この結論を専門家は単なる直感で導いているわけではありません。妥当な結論を導くための目をつけるべき点はいくつかあります。

一つは**正義**にかなった結論を採らなければいけません。帰責性ある者、悪質な者が不利になるという当たり前の結論です。

もっと重要なのが、**公平さ**です。公平というのは、争いの当事者の一方に偏った結論を出してはいけないというのは当然ですが、それだけではありません。類似の事件で既に先例が下されている場合、先例を全く無視した判断をしてはいけないということです。さもなければ、先例としての判断に従って事件処理がされた当事者が、なぜ自分は救済されないのかと不満を持つでしょう。ある意味、同じような事案では画一的な処理をすることが正しいといえる場合があるのです。

こういう観点からいっても、目先の当事者間の事件解決ということを考えるだけでは不十分だということが分かります。**他の事件で出た結論と矛盾したり、将来処理する事件で不当な結論になったりしないようにしなければなりません。**

さらに、**基準の明確性**も重要です。

たとえば、民法の世界では事情を知っている者（これを悪意の者といいます）は保護しない。事情を知らない者（これを善意の者といいます）は保護するというルールを取ることがよくあります。これは、事情を知っている者は、自ら不利益を回避する機会が与えられているから、あえて不利益を負うかもしれない道を選んだ者は保護する必要はないからです。

反対に、事情を知らない者は、契約後に後からその事情によって意外な結果、予想外の損害を被る可能性があります。そうなることを防ぐために、善意の者には有利な結論を採るということです。

ところが、場合によって、善意・悪意関係なく、もっと画一的な基準で結論を決めるのが適当な場合があります。

事例　XがAに甲土地を売却し、代金を受け取った。しかし、XはAに登記を移転せず、事情を知っているBにも甲土地を売却し、甲土地の登記（不動産の所在を示す公的な制度）をB名義に移転した上で引き渡した。AはBに土地の明渡の請求ができるか。

上の事例の場合、甲不動産はあくまで一つしかありませんから、これがABどちらのものになるか決めなければなりません。

これについて民法は次のように定めています。

民法一七七条

①不動産に関する物権の得喪……は、……②不動産登記法……その他の登記に関する法律の定めるところに従いその登記をしなければ、……第三者に対抗することができない。

①不動産を自分のものにしたり、失ったりしたことは、②登記をしなければ、第三者対抗……つまり主張できないとあります。第三者というのは、当事者以外の者――不動産を譲り渡した者と譲り受けた者以外の者のことです。上の例で言えば、Aにとって当事者は自分とX、第三者はBだということになります。

とすると、**一七七条**に従うとAは登記をしていませんから、Bに自分が不動産を得たことを主張できないことになります。

これはおかしい。Aが先に契約をしているのだから、不動産はAのものではないか。一歩譲って、Bが優先できる場合を認めるとしても、Bは事情を知っているのだから、この者を保護する必要はないのではないか。そう考えられるところです。

しかし、少なくとも判例はそうは考えません。たとえBがその不動産が売却済みであることを知っていた（事情を知っていることを、法律の世界では悪意といいます。人を困らせるとかそういう意図がなくても、単に事情を知っているだけで悪意といいますから、気をつけてください）としても、AはBに権利を主張できないと考えます。

なぜなのでしょうか。実は、事情に善意だとか悪意だとかいう点で優劣を決めるというのは、大変不安定なことです。というのは、善意か、悪意かという人の認識というのは、外から見ただけでは分からず、嘘をつくことも可能だからです。

だから、善意か悪意かということはよほどちゃんと調べないと、結論が決まりません。

本人に話を聞く――そして悪意だということを認めたら、人は不利益な事実を認めないのが普通だから、これは悪意としてよいのでしょう。

しかし、そう簡単にいくとは限りません。たとえば、善意だと主張していても、これは本当か分かりませんし、これでは相手は負けてしまいます。そこで、本人が書いた日記をどこからか手に入れるとか、事情を知っていることを他人に漏らしているかもしれないから、そういう人を捜してくる、その他、悪意であることを示すような状況証拠を積み重ねて、悪意だということを立証することになります。反対に、善意だと主張する者も自分の主張を根拠づけるために証人とか書面とか自分の発言以外の証拠を探してくることになります。

つまり、善意・悪意で優劣を決めるというのは、こういう**面倒な手間をかけなければ、事件が解決**

しないということを意味しているのです。

しかし、いちいち裁判をするとか、事実を証明する手間をかけなければ、優劣が決まらないということでは、不動産の取引でトラブルが起きたとき解決をするのに時間がかかることを意味し、面倒で仕方がありません。

その点、たとえば登記があるかどうかだけで優劣を決めるということにすれば、事件はあっという間に処理できます。登記の有無は登記所にいけば簡単に確認できるからです。

だから、登記の具備で優劣をつけるという結論を採れば、結論が迅速かつ明確に判断でき、取引で問題が生じても裁判をするまでもなくスムーズに処理ができるのです。

そして、こういうルールが確立してしまえば、不当な結果にはなりません。不動産の取引をする者は自分の権利は自分で守るようにさせます。つまり、悪意者に先を越されないようにするのには代金の支払いと同時に登記を移転するなど、確実に登記を自己名義にすればよいというだけの話だからです。

登記を備えれば保護されると分かっているのに登記を備えないという態度自体が、保護に値しないともいえることに注意しましょう。

結局、判例も、条文に何とも書いていないとかそういう理由だけで悪意者を保護するとしているのではなく、ちゃんと理由があってそういう結論を導いているのです。

しかし、初学者にとっては、悪意でも保護する……ということは、それがなぜなのか理解しがたくて、結果として法律学の世界は常識が通じない世界だと考えてしまう人がいます。さらに進んで、常識はずれの結論でも別に構わないんだとさえ思ってしまう人が多いのです。

一見常識には反する結論を採ることが法律の世界ではあるのです。それは、**その結論の方が、総合的に判断して妥当だと考えられるから**です。しかし、そういう場合に、なぜその結論が妥当なのかということをきちんと理解していない人が大変多いのです。これが、法律の世界では常識にあわなくてもよいと思ってしまう人がたくさんいる原因です。

指導者によっては、なぜ判例がそういう結論を採るのかきちんと説明しません。それどころか、「結論はどちらでもよい。論理が矛盾しないことが重要だ」という偏った指導をして、そういう誤解に拍車をかけている人までいます。

しかし、法律の世界で通説・判例と呼ばれているものの結論は一見不当に見えても、ちゃんと理由があるのです。法律の世界では不当な結論でよいということはありえないと考えてください（もちろん、論理の筋道が通ってなくてもよいという意味ではありませんのでその点も注意を）。

だから、自分が事件処理をする時は、必ず妥当な結論を出すように心がける。もう一つ、一見不当な結論でも、合理的な理由があるはずだと食い下がってしっかり考えてください。

ポイント
・妥当な結論を導くには、正義・公平にかなうようにという他、他の事件との関係でも矛盾が出てこないか、基準は明確か……というように、どう考えた方が世の中全体がうまく治まっていくのかという観点も考慮しなければならない。

次に、事件解決の際に必要なのが、**反対利益に配慮する**ということです。

事件を解決するというのは、つまるところ当事者を納得させることにつきます。妥当な結論を導くべきだということの理由としては、当事者も世間の一般人も納得させやすいからだということがいえます。

しかし、いくら妥当な結論であっても、自分に不利な結論を導かれてはなかなか納得ができないものです。だから、事件を解決したというためには、不利な結論を出された者に対する配慮が必要なのです。

そこで、結論を導く過程では、たとえば、結論を導く前提となる判断基準を定立する段階で、不利な立場に立つ者の主張も考慮する姿勢を見せることが必要なのです。

また、反対の結論を考慮するということは、妥当な結論を導くにも必要です。妥当な結論というと、自分の価値観からいきなり結論を導こうとします。しかし、その価値観が偏っていないという保証はどこにもありません。したがって、結論は妥当だと思われても、本当は偏った結論かもしれません。

こういうことになることを防ぐにはどうすればよいのか。そのためにも反対利益を配慮するようにすればよいのです。そうすると、自分が最初は考えもしなかった理由づけを思いつき、場合によっては自分の考え方を修正をしなければならないことに気がつくかもしれません。

結局のところ自分の出した結論が正しいとしても、反対説の配慮をしながら、その矛盾点もつくことができれば、自分の出した結論が正しいという説明を補強することができます。

つまり、反対利益への配慮というのは、事件解決のためにも、妥当な結論を出すにも、他人を説得する理屈を組み立てるにしても役立つ重要な視点であるということがいえるでしょう。

ただ、反対利益に配慮……といっても具体的にどうすればよいのか分からない人がいるかもしれません。

そのヒントは、**あえて自分が出したい結論と逆の結論を導くための理由を考える**ようにすることです。全く違った人の立場に立つということは難しいことですから、なるべく簡単なきっかけから考えるヒントを見つけるのがよいでしょう。それが自分とは反対の結論です。

次に、その結論を主張する人が出てくるというのは、何か理由があるはずです。なぜ、反対の結論を主張する人がいるのだろうか……そういう視点から反対意見とは何かを分類するといいでしょう。

ポイント

・結論を導くための過程では、反対利益への配慮をする。事件を解決するのに必要だというだけでなく、妥当な結論を導き、説得的な理由を組み立てるのに役立つ。
・反対利益への配慮をするには、まずは反対の結論を設定し、その結論を導く理由を考えればよい。

事件を解決し、当事者に納得をしてもらい、ひいては法律による事件解決というものが世の中一般の人から信用してもらうには、まだ考慮しなければいけないポイントがあります。

それが、**筋道が通っていること**です。そんなこと当たり前だと思うかもしれません。何事も筋道が通っていた方が望ましいのは間違いありませんし、法律といえば論理が重要だということは少し法律を勉強すれば、誰もが耳にすることです。

ならば、なぜ事件解決に筋道が通っていることが必要なのでしょうか。そこまできちんと理解しておくことが望ましいのですが、意外と答えられない人が多いところです。

その理由は、一つは結論の正しさを担保するのが筋道だからです。筋道が通っていなければ、本当に法律を使って、その結論が導かれるかどうかが分からなくなります。反対に筋道が通るということは、少なくとも見当はずれではないことは確かだということになります。

また、事件解決にあたって重要なのは、人を納得させることです。しかし、筋道が通っていない理論で人を納得させることはできません。結論を導くまでの課程で筋道が通っていなければ、不利な結論を出された当事者はもとより、そういう事件処理を法律家がやっているということを知った世間の人も納得がいかず、法律による事件解決という仕組み自体の信頼が失われてしまうでしょう。

このように、事件解決ではとくに筋道が通っているということは重要です。実際、訴訟法では判決文の中の理由において論理矛盾があることを、判決に影響を与える重大な不備があるとして、無条件に上告ができるのです。

● 一審からみて第二審である控訴審の判断に対する不服申立方法。第三審。通常は一定の条件を満たす場合でなければ上告はできない

筋道が通っていないということはどんな場合もあまり望ましくないのですが、法律による事件解決の場合はとくにこの点が重要なのです。

結論は人ごとに価値観の違いにより、複数の結論が導かれる可能性は否定できません。したがって、妥当だと思われる以外の結論を導いても、致命的な誤りとはいえないことがあります。しかし、論理矛盾は、致命的な誤りであって、絶対に許されないものだと考えてください。

しかし、その重要性が分かっていないからか、実際に法律を使った事件解決を学生にさせても、その説明が十分筋道が通ったものになっていない答案が大変たくさんあります。

その原因は、日常生活を営むには、高度な論理は必要がないから、筋道を通す訓練が十分ではないということがあると思います。だから、ここで筋道を通すことが重要だということを強調したいと思います。

● 例外的に筋道が通った文章をそこそこ書ける人もいます。それは、難しい現代国語の問題（特に記述・論述式問題）か、数学の問題を解く訓練を十分に積んできた人です。

それはいずれの問題を解く場合にも、理由を明らかにする必要があるからです。

私自身も、司法試験の論文試験対策としては、一年半、週二回（最後一カ月は週六日）答案練習会を受験し、その予習をするぐらいしかしていません。

しかし、それでも合格答案を書けるようになったのは、中学二年生から大学受験まで実に五年間も筋道を通した説明をする訓練を受験勉強を通じてしてきた結果なのです。

よく、受験勉強は何の役にも立たないなどの論調がみられますが、受験勉強の中でも高度な能力が要求される入学試験などを対象にした勉強をすると、それ以降の他の作業をする際にも役立つことがあるのです。

論理的な思考力が身に付く他、正確に、素早く事務処理をする能力などが身に付くことが期待されるということは知っていてもよいでしょう。

また、単に暗記をさせられているかに見える知識も大学以降、より高度な学問を学ぶために役立つ知識もたくさんあります。その説明を始めると、横道にそれてしまいますから、ここでは触れないでおきますが、具体例として、歴史の知識は憲法を学ぶために大変役に立つということをあげておきましょう。科学法則を理解していないと正しい事実認定ができない場合があるので、理科もまた、法曹になるのには役立つといえるでしょう。

では、筋道を通った説明をするには、どういう訓練を積めばよいのでしょうか。その第一歩が、自分の言動、論述に**いちいち理由をつける**癖をつけることです。論理的な説明とは、ある結論に対し、その結論を導く理由がついていることだと考えて結構です。だから、理由をつけるということは、筋道を通した説明をすることとほとんど同義なのです。

ただ、説明は長くて複雑なものもありますが、そういう説明をするには、理由の内容だけでなく、これを順序立てて理解してもらうために、理由の理由を説明したり、意味が分かりやすいように文章の構成を考えなければなりません。その段階に至る前に、一言だけ理由をつけるという作業から始めるのがよいでしょう。一言というのは、文字数でいうと、二〇～六〇文字でよいということです。

ただ、日常生活における会話まですべてそのようなことをしていると周りの人に煙たがられるかもしれませんから、文章をたくさん書いたり（それこそホームページの作成でも、掲示板の書き込みでも、メールでも構いません）、論述式の問題を数多く解く中で意識的に訓練をするのがよいでしょう。

単に数をこなせばよいというものではありません。文章を書く課程で、筋道を通すということの練習をしなければなりません。意識して理由をつける。理由が漏れているところがないようにするということです。もちろん、**それが理由になっているか**、他人にも賛成してもらえるものかどうかも考えなければなりません。これを難しくいうと、理由には一般性、客観性が必要だということになります。一般通用力がないとダメだということです。

さらに理想をいえば、他人に意見を仰ぐのがよいでしょう。添削を受けるとなると相手にも迷惑がかかりますから、文章を読んで、意味が分かるか、説得的かという判断をしてもらうだけでも全然違います。ダメだしをされたら、自分で何が悪いのかをしっかり考え、その課程で力がついていくのです。

ポイント

- 筋道を通すことは、法律を使った事件解決をしていることの証になり、結論の正しさを保障させ、人を説得するためにも必ず必要なことである。
- しっかり筋道を通してコミュニケートする習慣がなく、筋道を通すことができない人が多い。
- 訓練のためには、まずは一言だけ理由をつけることから始める。数をこなすことも重要だが、できないことをできるようにする数を増やすことも重要であることを忘れない。

リーガルマインドに則った事件解決をするに必要なことも最後になりました。それが、事件解決の論理の中で、ちゃんと法律を使うということです。

「おいおい、そんなことは当たり前ではないか」と思う人がいるでしょう。しかし、「法律を使って」事件を解決するということが正確にできている人は意外と少ないのです。

たとえば、法律問題というと、論点を発見し、法律構成をすることが重要だと考えている人がいます。もちろん、そのことが重要な問題はたくさんありますし、法律構成がきちんとできるようになることは簡単にできるようになるわけではありません。「きちんと」というのは、理由付けが十分できるようにするとか、正しい順序で論述をし、筋道の通った論述をするとかいうことです。

しかし、法学をちょっと勉強すれば論点の理解が難しいことはすぐに分かりますし、授業でも多くの時間が割かれて説明がされます。そのため、このことは重要だということが何となく分かり（本当の重要性を理解できる人は少ないのですが）、誰でもちゃんと勉強をします。

しかし、そのことが高じて、どんな問題でも「論点として何を書くのか」を探すということしかなくなる司法試験受験生が多いところに問題があります。

法律を使った事件解決というのは、論点を探すことではありません。まずは条文そのものによる、事件解決を試みるのが正しいのです。

そもそも、解釈をする、論点があるという話は通常人ならば思いつかないことです。それよりも、まずは法律に何が書いてあるか、それによりどういう結論が導かれるのかという作業をすることから事件処理を始めるはずです。もちろんこれだけでは事件解決はできないのですが、このような姿勢が法律による事件解決の基本であることに疑いはありません。

まずは事件に対し、当事者の要求、出すべき結論を考慮し、適用される条文を探す。これが、まず最初にすべきことです。その上で、要件事実の有無を判断した上で妥当な結論が出るのなら、論点の指摘も、解釈もする必要はないのです。

法律には不備があるので、うまく解決ができないことがまれにある。そういう場合のみ、仕方がなく解釈をする。その前提として論点を指摘するというのが、正しい法律の使い方なのです。

そもそも解釈というのは、すればするほど法律を使った事件処理という建前から遠ざかっていきます。それだけ法律を「使った」という関係も見えにくくなり、説得力が弱くなるおそれがあります。したがって**解釈はしなくて済むのならしない方がよい**のです。

現実の社会でも、多くの事件では解釈など必要がなく、法文だけで事件処理できる場合が大半だといってよいでしょう。たとえば、貸金返還請求の訴訟で、難しい理屈を持ち出さなければならないことはほとんどありません。請求が認められるかどうかは、まずは金銭授受の事実と返還の合意、期限が定まっているのなら履行期の到来などの事実を証明できるかどうかにかかっているのです。

事件の解決においては、条文の指摘よりも、当事者の要求、出すべき結論が先行します。また、結論を導くにはその出発点は必ず条文におかなければならないのです。解釈というのは、このような作業をした上で、**一番最後に仕方がなくする**のです。

この順序を守らず、逆のルートをたどってしまう受験生が大変多いのですが、それでは法律を正しく使って事件解決をしたとはいえません。論点に飛びつかないで、今の手順を守ること。これがリーガルマインドに則った事件処理には大切なことです。

では、事件処理の際に論点探しに陥らないためには、どうすればよいのでしょうか。これは、

（１）要求・結論から考える、（２）条文そのものを法律構成の出発点に必ずおくという二点をよく覚えて、これを守ることです。出発点さえ誤らなければ、後は論理の筋道を守って、正しく法律を使った事件処理ができるはずです。

ポイント

・リーガルマインドに則った事件処理をするには、法律を正しく使うことが必要である。
・論点・解釈に目を奪われて、正しく法律を使った事件処理ができない人が多い。
・正しい法律を使った論理構成をするには、説明の出発点を必ず、法文そのものや原理・原則論から始める癖をつけることである。

今一度、リーガルマインドの根幹をなすポイントを指摘しておきましょう。ポイントをみて何のことか思い浮かばない……という人は、今した説明を読み返しましょう。

ポイント

リーガルマインドに則った事件解決とは、
・法律を使って、

・筋道が通った理由により、
・反対利益に配慮しつつ、
・妥当な結論を導き出すこと、
である。

†法曹とは何か

本書を読む人の中には、単に法学部に入っただけではなく、法曹を志す人が多いと思います。そういう人からよく質問を受けるのが、**法曹としての素質**とは何かということです。これを、ここまでの説明を踏まえて説明します。ただ、この話は法律を使った事件処理を正確にする際に必要な姿勢とは何かを知るためにも役立ちますので、法曹志望以外の人にも重要な話です。

まず法曹とは「法律家」のことです。弁護士・検察官・裁判官は間違いなく法曹です。が、手元の辞書では弁護士・検察官・裁判官「など」となっていますから、そうでなくても、司法書士など、法律を扱う資格を持った人も法曹といって差し支えないでしょう。

ただ重要なのは、「法律家」とは誰かということよりも、法律家とはどんな仕事をする人なのかということでしょう。

まずは、既にリーガルマインドとは何であるかを説明しました。正確にリーガルマインドに則った事件処理をすることが要求されることは間違いありません。ここではそれ以外の能力を説明します。

世間の人の法律家に対するイメージは、「法律に詳しい人」ということになると思います。だから、理屈っぽいとか、場合によっては頭がよくて自分とは違う人種だから、常識が違う、分かり合えない人たちだ……というような印象を持っている人もいるかもしれません。

しかし、これは法律家に対する見方として正しくありません。中にはこういう見方をされても仕方がないような法律家がいるかもしれませんが、その人に法曹の資格はありません。

もともと法律は事件解決の道具です。だから、法律家とは、法律を使った事件解決業だということになります。もっと平たくいえば、サービス業だということになります。

だから、法律家は世間の人が理解しがたい変人であるとか、常識がないとかいうことは複数の観点から、あってはならないのです。

まず事件解決業である以上、何が妥当な結論なのかの判断ができなければいけません。そのためには**社会常識が分からないようでは困る**ということになります。次に、サービス業であり、しかも人を扱う仕事です。だから、**親切でなければならない**のは当然です。ましてや非常識で、理解しがたい人種であってはならないということは当然でしょう。

サービス業といえば、弁護士のことではないかと思う人がいるかもしれません。しかし、検察官も裁判官も公務員で、公務員は国民に対するサービス業です。国民主権（**憲法前文一段・一条**）であること、公務員が全体の奉仕者であること（憲法一五条二項）から、検察官・裁判官が訴訟の関係人に必要な配慮をしなければならないのは当然です。

ところで、法曹というと裁判をする人だという印象がありますが、これも間違った法曹に対するイメージです。というか、これから求められる法曹はそうではないということになるかもしれません。

法律による事件解決となると裁判を思い浮かべる人が多いのですが、裁判となると、時間もお金もかかります。その意味で、病気の治療という意味では手術になります。

しかし、実際には法律を使った事件処理の手続や手段は他にもあるのです。訴訟によることが適切でないとか、訴訟による必要がないという場合には、他のアプローチもとってできる限り、手間暇や費用がかからない方法で、迅速な処理をした方が当然喜ばれますから、そういう方法を選ぶべきです。

要するに、一般の人は法律家というと、普通の人には理解ができない法律の理屈をこね回す人という印象があるわけです。これが法律家に相談をするというのは敷居が高いとか、相談しても無駄じゃないかと思われてしまう原因なわけです。

しかし、あるべき法曹の姿としては、事件の当事者の立場にたって、法律という道具を使いつつ、親身に事件解決を目指すというものになります。

ポイント

・法曹であるには、常識人でなければならない。これは妥当な結論が何かという判断や、相談者に対する対応に関係する能力である。

・法曹は、難しい理屈をこねるのではなく、親身になってもめ事をすっきり解決することがあるべき姿である。

また、法曹はリーガルマインドに則って事件を解決するものです。だから、法律に従った論理を組み立てる必要がありますし、妥当な結論は必ずしも分かりやすい常識に則ったものになるとは限りません。

その意味では、ここが一般の人が法曹に対して間違ったイメージを持つ原因ではないかと思います。一般の人も法律の勉強をしてほしいところですが、法曹も努力をしなければいけません。たとえば、弁護士事務所に相談しに来た人は法律の知識がないのが普通です。とすれば、相談に対する答えとして、法的に筋道が通っているだとか、一見常識に反するが妥当な結論だというだけでは理解してもらえないでしょう。

つまり、なぜその結論が的確なのか、なぜ回りくどい理屈になるのかを説明しなければ、依頼人は法曹に対して悪い印象を持つだけです。

とくに、弁護士のところに相談にやってくる人や、訴えを提起した人は、事件に巻き込まれて困っている人です。そういう人は、普通の人よりもとくに神経質になっているものですから、いっそう気を遣って、親身になって相談を受けることが必要になります。

人が一番困るのは、不安定な状態におかれている時です。自分がこれからどうなるか分からないという未知の状態におかれているのが一番人を不安にさせます。だから、こういう場合、法曹はその人のおかれた状況（例：このまま放置しておくと、権利が時効にかかって回収できなくなりますよ）と、その後どうなるのか、どうすればよいのか（例：だから、債務者に債務があることを認めさせなければいけません。そうすれば、とりあえず時効にかかることを回避できますよ）ということを明確に説明をする必要があります。

となると、法曹になるのに必要な能力が何か分かります。つまり、法曹であるには、高度なコミュニケート能力が必要だということになります。

これはどんな仕事でも重要なので、当たり前だという人がいるのですが、学生の答案を見ている限り、この点を本当に重要だとは思っていないのではないかと思います。おそろしいことに、一部の法学の指導者ですらそういう節が見られますし、表現を日本語でしているのに分からないのは読み手が悪い……といわんばかりなことも多いのです。

表現力は、何も依頼人に対して説明をするために必要だというだけではありません。弁護士なら、依頼人の紛争の相手方に対して交渉をする時にも表現力が必要になります。相手のおかれた状態も理解させれば、話がまとまりやすくなるはずです。訴訟という時間も手間もかかる制度を利用する前に、事件処理が済むかもしれません。こちらに有利な条件を引き出すにも、表現力が重要になってくるでしょう。

ここで分かるかもしれませんが、コミュニケート能力とは、口頭による表現力の他、文章による表現力も含むということになります。相手方との交渉もいきなり準備もせず会って話をするというのではなく、まず文書でということが効果的だからです。

話がまとまらず、不幸にも裁判をするということになった場合も表現力が重要です。民事訴訟をするにはまず裁判所に訴状という書面を提出することになります（民事訴訟法一三三条一項）。ここには、法定の記載事項の他、裁判所は第三者で、事情を何も知りませんから、その事件に関連する事実を書いて教えることになります。ここでも必要なことをうまくまとめて、分かりやすく伝えるようにした方がよいに決まっています。同じように審理でも書面で準備することが民事訴訟では求められています（民事訴訟法一六一条一項）。この書面も分かりやすく表現をすることが求められます。いい弁護士はいい文章が書ける人だと言われるぐらいです。

以上は弁護士の話ですが、これは他の法曹でも同じです。検察官なら、たとえば取調べで、うまく被疑者に話をさせる技術が必要でしょうし、聞いた話は調書にまとめなければならないので、文章の表現力も必要です。起訴に際しては起訴状、公判手続ごとに準備書面を作成します。証人尋問では効果的な質問をして聞きたいことを引き出す必要があるでしょう（効果的な証人尋問、弁論をすることは弁護士にも要求される能力です）。

裁判官も、訴訟をうまく取り仕切るために当事者に釈明という形で質問をしたりアドバイスをしたりする必要があります。書面ならたとえば判決文を書く必要があります。

法曹同士でも、スムーズに仕事をすすめるには、相手が何を言っているのか分からないような人では困るでしょう。

このように、法曹であるには表現力——単に意味が通じているというだけではなく、その人のいうことがどういうことかがすぐに分かるような表現力を持つことが大変重要なのです。

ポイント

・法曹として求められる能力は、口頭、書面を問わず、表現をする能力である。

よく法曹は医者にたとえられますが、そのことは、以上の説明を前提にすると、よく分かるはずです。

医者は病気になって困っている人を助ける仕事です。

また、同じ病気の治療でも安く、時間や手間がかからないものの方がよいということになるはずです。患者に大きな負担がかかる点からして、何でも手術をすればよいというものではありません。

また「俺に任せとけ」というのではなく、治療の見込みについて知識がなくて分からなくて困っている患者に十分説明をし、不安感を取ってあげることも必要です。

先生づらをして患者をぞんざいに扱うなどもってのほかでしょう。

これに対して、法曹は事件に巻き込まれて困っている人を助ける仕事です。

解決策も（医者で言えば手術にあたる）訴訟によるだけでなく、もっと依頼人への負担もかからない方法があれば、その方法によるべきでしょう。

依頼人が知識がなく自分のおかれた状況が分からなければ、法律の内容、過去の判例、その人についての特別事情などを総合判断して説明をしてあげるべきでしょう。何しろ親身になって説明をすることが必要です。

要するに、法曹と医者は人が困っている原因が違うとか、使う知識が違うという違いはあります。が、高度な知識を使って困った人を助けるという意味では同じだということになります。いずれも「困っている」「人」を相手にする仕事だということは忘れてはいけないという意味では全く同じだということになるでしょう。

大学の教授には「若いうちからいきなり法律の勉強をするのではなく、先に教養を身につけるのが望ましい」という趣旨のことをいう人がいますが、こういうふうに考えてみると、発言の意味が何となく分かります。妥当な結論、落としどころ、人の気持ちになって考える想像力、余裕というものが備わるのは、ある程度の経験と時間が必要だからです。

以上の説明について「そんなことは自分も普通にやっていることである」「当たり前ではないか」

と思った人は、法曹としての素養があると考えられます。ただ、これが「思った」というだけでなく、本当にできていなければ、法曹としての素養があるとはいえません。常に自分を他者の視点からみて、自分を高める必要があるでしょう。

そういう能力を身につけるには、少々憶病になるぐらいがよいかもしれません。こういう話し方をして、人は分かるだろうか、こういう態度をとって人はどう思うかということを常に注意するようにしたいところです。

ポイント

- **法曹も医者も、高度な知識を用いて困っている人を助けるという点で同じである。**
- **法曹になるにはさまざまな力が要求される。**

†法曹と学者の違い

今法曹になるために必要な素質について説明しましたが、同じ法律を扱う仕事でも、学者になるために必要な素質とはまた違うので、注意しなければなりません。本書は法律の使い方を説明するものですから、学者志望の人にも、法曹志望の人にも役立つものです。ただ、いずれを目指すかによって、配慮しなければならない点が違うので、それを混同しないため、ここでの説明は参考になるはずです。

法学の研究者というのは、いろいろな観点から法律を研究をするものです。しかし、研究対象の主流はやはり法解釈だということになります。

もちろんこの際には、先ほど説明したリーガルマインドに則ることが必要なのであって、この点は法曹による事件処理と変わるものではありません。

しかし、学者は第一に学問の研究者です。したがって、事件に巻き込まれて困っている人を直接相手にするわけではありません。そのため、（常識がなくてよいというわけにはいきませんが）親身になって相手の気持ちを分かろうとすることは必ずしも必要がありません。

また、相手にきちんと説明をするということも必ずしもいりません。学者は大学における教育者だとすれば説明が分かりやすいことは必要であるとも思えます……が、あくまで教育者としての側面は二次的な側面です。

少なくとも、学者が相手にするのは、まずは同じ学者で、法律に詳しい人なわけです。そうでなければ、予習をしてこいと命じれば勉強をしてくるような（少なくとも試験の前には、単位を取るために勉強をしてくる）学生です。このようにある程度の能力がある人を相手にするのですから、そこまで相手への配慮をする必要はないといえるでしょう。

その代わりに気をつけるのは、解釈の内容です。法律の解釈が学者の仕事ですし、ここで凡庸な解釈しかできなければ、学者としての存在意義に関わります。そこで、他の人とは異なった独自の解釈――それも単に珍しいというだけではなく、意味がある解釈（通説に比べて、事件処理を矛盾や例外が出てくることなく説明できる理論を構築するなど）――をする必要があるのです。

そのためには勉強が必要です。日本の文献だけではなく、外国の文献まで読みあさる必要があります。場合によっては留学をして外国法を学ぶことも必要になるでしょう。

後はその結果を発表するため、論文を書いたり、本を書いたりすることになります。ただ、ここで重要なのは、質です。あまりに本を書かない、論文を書かないというのは困りものですが、数が少なくても内容が飛び抜けて優れたものであれば、それで許されるはずです。

その結果出てくる学説は、難解なものになることが往々にしてあります。依頼人にとって分かりやすい、簡潔明瞭さが好まれる法曹とは違うわけです。

ポイント

- **同じ法律を扱う仕事でも、学者に要求される能力と法曹に要求される能力では異なる点がある。**
- **具体的には、学者は法曹ほど説明を分かりやすくする能力は必要ではなく、結果もそう頻繁に形にする必要はない。代わりに独自の解釈論を構築するため一生懸命勉強をすることが必要である。**

以上の比較を分かりやすく言い換えると、学者と法曹の違いは**芸術家と職人の違い**に近いといえるでしょう。

芸術家は作品を大量生産する必要は必ずしもありません。作品の質が高ければ寡作でも評価されます。反対に、質が低ければどんなに数を作っても芸術家として評価されることはありません。学者も同じで、論文や本の数だけ多くても、内容が凡庸では評価されません。しっかり研究し、留学して勉強をした上で、考えた上で独自の理論を組み立てる必要があります。独自性が要求されるというところも、芸術家と学者の共通点といってよいでしょう。必ずしも分かりやすくなくてもよいという点も共通しています。

これに対して、職人は、実用品として十分の質の製品を作れば、独自性をそこで発揮する必要はありません。それよりも実用品として、質が一定していることの方が重要でしょう。このレベルをクリアーすれば、後は素早くたくさんの仕事ができる方が職人としては優れているといえます。

これは法曹も同じです。日々持ち込まれる事件に対して、親身に相談を受け、妥当な結論を導くという最低限度の質を確保しなければなりません。しかし、そのレベルがクリアーできれば、迅速に手早く事件を解決する方がよく、依頼人もそのことを望むでしょう。法律を使って、筋道を通し妥当な結論を導くというレベルをクリアーすれば、独自性は全く要求されません。

依頼人は、自分の納得がいく解決ができるならば、独自な理論を構築することなどどうでもいいのです。独自な理論を構築するのに仕事が遅くなるとか、結論が自分の望まないものになるとすれば、そっちの方が困るということになるでしょう。

要するに、一定の質を保ちながら事件処理を数多くこなすためには、独自性というのは邪魔になるのです。それどころか、裁判官が独自の理論で裁判をしたら、他の裁判官が担当した場合と結論が違ってしまい、不公平な結果になるおそれがあるぐらいです。

依頼人や事件の当事者を待たせず、質の高い仕事さえすれば、個性や独自性を要求されない。それが職人であり、法曹だということになります。この質の高さには、わかりやすさという観点も含まれます。実用品は使いやすいものである方がよいということに対応すると言ってよいでしょう。

以上の結果、たとえば、裁判官が判決文を書くのであれば、全部文章を自分で考える必要はないわけです。過去の判例で使えるものがあればそれを引用し、理論、文章ともそのまねをすればよいということになるのです。

ポイント

・学者は、猛烈に勉強をし、時間をたっぷり使って独自の理論を構築する仕事である。

・反対に実務家は限られた時間で、依頼人が納得する事件解決をするものである。筋道が通ってさえすれば、独自の理論を構築する必要がない。時間節約のためには、理論を構成している時間は節約した方がよい。

・学者は芸術家、法曹は職人に近い。

†法律で事件を解決する手順

以上の説明は、事件を解決する心構え、着眼点に関するものです。これらを生かしながら、実際に事件を解決するにはどのような手順によるのかを説明しましょう。

取りかかりは、当事者が何を要求・希望しているのかの確認から入ります。つまり**請求の確認**です。結局のところ法律は権利を実現し、事件を処理するための手段ですから、まずは目標点を明らかにする必要があるからです。

次に、事件の当事者・関係人の間で何があったのか**事情を調べます**。事情を明らかにしないと、妥当な結論が何かの判断はできないし、請求の根拠となる条文も明らかにすることができません。要件事実の有無の判断もできないでしょう。

ここで、できるなら**請求を認めるべきかどうか**を考えます。すぐに分かるのなら、最終的な目標を決めることができ、方向性を明らかにすることができ、好都合なのです。分からない場合は、無理に結論を導く必要はありません。法律論を検討するうちに結論が出てきます。

次に、請求の根拠になる**条文**を指摘します。結論を否定することに決めた場合、請求を否定する根拠になる条文を探すことになることもあります（例：代金の支払請求に対して、詐欺による契約だから、これを取り消す場合）。

適用する条文を決めた場合、要件事実を認定するために確認しなければならない事実が新しく出てくることがあります。そういう場合は、必要な限りで事実を調べ直します。

また、指摘した条文では妥当な結論が導けないとか、適当な条文がないという場合は、ここで初めて**法律を解釈する**ことになります。あてはめにより出したい効果を導けるまで、事実を調べたり、解釈をしたりという作業をすることになります。

> **ポイント**
> ・**事件の処理は、まず請求から。次に事実を調べ、適用条文を決定する。**
> ・**出したい結論を導くため解釈・事実認定をおこなう。**

なお、**妥当な結論**を導くには、解釈に頼るだけでなく、条文をそのまま適用しつつ、**あてはめを工夫する**ことにより導くことができます。これは大変重要なテクニックなので、紹介しましょう。

たとえば、前に出した（六九ページ）**民法五三四条**の例をもう一度使ってみましょう。

事例　Aは某年九月一日、友人Bから山小屋を引渡は同年九月一七日、代金支払は同年九月三〇日という約束で、売ってもらう契約をした。ところが、同年九月一五日に落雷に伴う火事により消失した。この場合、AはBに同年九月三〇日に代金を払わなければならないか。

これは、**民法五三四条**を解釈し、条文にない要件……登記又は引渡がある場合に危険が移転するという解釈をすれば妥当な結論が導けるという説明をしました。

しかし、現実の事件では、右の事例ほど事情は単純ではないことが多いといえます。そして、よくよく話を聞いてみれば、登記の移転や、引渡ができなければ代金は払わなくてよい……という趣旨の特約が当事者間にあったと認定することができることがあります。

場合によっては契約書にそう書いていなくても、何とか特約の存在を認定してしまいます。考えてみれば、それが社会常識にかなっているわけですから、そういう常識に則った約束があるということはそれほど不自然なことではありません。

民法の定めは任意規定……つまり守らなくてもよいものであるのが原則です。となると、このように民法の定めと異なる特約があったということになれば、そちらが優先して適用され、この結果として妥当な結論が導けることになります。

同じように、訴訟に勝たせるべきでない者には過失や帰責性を認定する。勝たせるべき者には無過失だ、帰責性を否定する……というように、条文の要件がある・ないという点で、結論を操作することもある程度可能です。こういうと、ない事実をあると言ったり、ある事実をないというのか――と思う人がいるかもしれません――が、出すべき結論が妥当であれば、それに対応した事実認定もできるはずです。だから、これは恣意的な操作をしているのではありません。

以上のように妥当な結論を導くには、解釈だけでなく、適切な事実認定によってもすることが可能なのです。そして、この方法によるメリットは、**無理な解釈を避けることができる点**にあります。法律の解釈は、これが大幅なものであるほど、法曹がすることは許されなくなります。法の改訂は国会議員の仕事である……と憲法に定められているからです（**憲法四一条**は国会を唯一の立法機関としている）。

これに対して事実認定による対応は、国会が立法するというルールに反することなく、かつ法律による事件解決という建前を遵守しているという点で、望ましいものであるということになります。この点、事実認定により妥当な結論を導くという方法は学者ではできません。学者は、現実の事件解決をするわけではないので、あくまで法の解釈しかできないからです。

それでも学者もあらゆる事例で妥当な結論を導けるようにしなければいけません。そういう規範を定立しようとした結果、判例に比較すると、法律構成が大変複雑なものになる傾向があります。

実は法律による事件処理というのは利益衡量の積み重ねです。原告の意見と被告の意見、どちらももっともな点は考慮しながら事件処理をするのです。

事件処理の形式的な流れとしては条文・原則から始め、解釈をしてからあてはめをし、自分が出したい結論を導くというものです。実際の事件解決では、上の流れのうちの解釈とあてはめで分けて利益衡量を行います。しかし、学者は利益衡量を解釈のみで行うせいで、ここが複雑になってしまうのです。その結果、学者の法律構成は大変分かりにくいことが多いのです。

もちろん、事実認定により結論を出す方法にも問題はあります。それは、事実認定という事件ごとに異なる部分に処理を任せると、裁判官の裁量に任せる部分が大きくなり、規範から結論を導くという姿勢が弱くなるとか、判断が恣意に流れるおそれがあるとかいうことです。

解釈による方法、事実認定による方法のいずれも一長一短ですから、結局のところ適宜使い分けるしかないということになるでしょう。

ポイント

・条文から素直に妥当な結論を導けない場合に出したい結論につなげるには、解釈の他、事実認定を工夫することによることもできる。

・事実認定により妥当な結論を導く方法は、無理で複雑な解釈が不要となるところにある。ただ、恣意的な判断がされる可能性もある。

†解釈の方法：法律上の問題点としてどのようなものがあるか

法律による事件処理の際には、場合により解釈が必要なのですが、論点ごとにばらばらな方法で解釈がされているようにに思える学生の人は多いところです。その結果、論点ごとに処理の方法を全部覚える……という暗記中心の勉強に陥りがちです。しかし、暗記による勉強では暗記した事件しか処理できませんし、何よりも勉強が面白くありません。

実は、解釈にも一定のコツがあります。そこで、実践編の仕上げとして、解釈の方法、基礎について説明することにしましょう。

解釈のコツは、まず問題点を整理することです。問題点というと無限にあるように見えますが、整理すると意外と数は多くありません。

まず、条文で使われている言葉の**意味が不明確**である場合があります。傷害罪の、「人」「傷害」の意義が不明確な場合などです。問題点としてはこれが一番多いでしょう。

次に、文言通りでは**結論が不当**になるという場合があります。たとえば、民法の、賃借人に冷たい制度――無断転貸は無条件で解約されるなど――がこれにあたります。

さらに、解決のための**条文がない**という場合があります。プリペイドカードが「文書」にあたるかという問題を前章で紹介しましたが、これは、支払用カードに関する犯罪を取り締まる法律がなかったせいで出てきた問題だと言ってよいでしょう。

最後に、**複数の制度がバッティングする**場合があります。

たとえば、法人の理事が融資を申し込んだのでお金を貸したら、理事には法律上金を借りる権限がなかった上に、その理事が金を持ち逃げしたという場合を考えてみましょう。この場合、融資した方としては、その金をなんとか取り返したいところです。

まずは理事を捕まえて金を取り戻すのが筋でしょうが、捕まえた時にはもうお金は使ってしまってないと思ってください。そこで、金を借りたことになっている会社に貸金の返済が請求できないかということになります。

しかし、法人は、あの理事に金など借りる権限などないと突っぱねてくるでしょう。

この場合、理事は詐欺的な取引をしたと言ってよいでしょう。となると民法では理事に損害賠償責任が発生するとしていますが（**民法七〇九条**）、さらに民法は、同じ責任を法人にも負わせています（**民法四四条**）。この結果、損害賠償という形で、誤って貸し付けたお金を法人から取り返すことができると思われます。

しかし、一方で民法は人のために契約をする権限……代理権があるかに見えて、ない場合でも、一定の場合、取引を有効にするという条文をおいています。今回の場合、金を借りたのが理事だから、権限があるかにみえる場合にあたります。そこで（本問の場合、**民法一一〇条**）を使って、理事に金を借りる権限があったとみなし、法人には貸金の返還を請求することができます。

では、このように**四四条**と**一一〇条**という複数の制度が適用される場合、どういうふうに使い分けるのだろうか……これが四つめの問題点です。

ポイント

・解釈が必要になる場合としては、（1）文言不明確、（2）結論不当、（3）条文がない、（4）複数の制度の適用関係が不明、の四つがある。

†法解釈の方法：問題点解決の方法

このように問題点は四つに整理できます。このメリットはいくつもあります。まず、問題点ごとに解決のパターンが決まっています。だから、どの分類にあたるかさえ分かれば、未知の問題でも処理の手順が分かります。また、その手順によるということを手がかりに、論点ごとの法律構成を暗記しやすくなります。

具体的な解決のパターンを説明しましょう。比較的簡単なのは、(2) 結論が不当な場合です。こういう場合は、その法律の適用がないことにすれば妥当な結論が出てくるでしょう。そのための代表的な方法が、条文にない要件をさらに増やすというものです。

民法六一二条

1 賃借人は、賃貸人の承諾を得なければ、その賃借権を譲り渡し、又は賃借物を転貸することができない。

2 賃借人か前項の規定に違反して第三者に賃借物の使用又は収益をさせたときは、賃貸人は、契約の解除をすることができる。

たとえば、無断転貸の場合は解除！ という条文があるならば、「ただし、信頼関係が破壊されたとはいえない事情があれば、解除できなくなる」というような条件をつけ加えるのです。そうすれば、本条の適用をすると不当な結論になってしまいそうな場合は、「今回は信頼関係が破壊されたとはいえない事情があります」と認定すれば、本条の適用を排除できることになります。

しかし、こういう条件はどこから出てくるのでしょうか。何となくではありません。それは条文の趣旨から導くのです。

もともと、無断転貸というのは普通されたら困ることです。貸主としては、無断転貸をしたような借主は、信用ならない……ということで、もうこんなやつには貸せないと思うだろう。こういう社会常識を法律の形にしたのが、**民法六一二条**なわけです。

とすれば、借主との信頼関係がなくなるとまではいえないような事情がある場合まで解除を認める趣旨ではないだろう、**六一二条**は。ならば、そういう場合は解除を認めないとしても理由がないことではない……そういう感じになります。

ポイント

・ある条文を適用し、結論が不当になる場合は、その条文の適用範囲を限定すればよい。具体的には、条文にない要件を増やすなどの方法による。

（３）**条文がない場合**も比較的処理手順がはっきりしています。（３）の場合に使うテクニックの一つが、現在ある法律の適用範囲を広げてしまうというものになります。

たとえば**類推解釈**という解釈手法がそれです。

類推解釈というのは、ある場合に適用できる法律がない場合に、類似の状況にある法律を探してきてそちらを適用をするというものです。

たとえば、「犬をいじめてはいけない」というルールがあったとします。その趣旨がペットをかわいがるというものだとすれば、同じくほ乳類で、ペットである猫もいじめてはいけないということになるでしょう。これが類推解釈です。

● なお、類推解釈と対になる解釈が反対解釈です。

類推解釈は、法律に書いてないものでも、似たものは同様という結論を採るものです。これに対して、反対解釈の場合は、法律に書いてなければ、たとえ似たものでも逆の結論を採るというものです。先ほどの「犬をいじめてはいけない」という場合なら、わざわざ犬だけ取り上げたのだから、犬以外の動物は、たとえ似た動物である猫であってもいじめていいのだろう……と考えるのが反対解釈です。反対解釈は条文の適用を排除する時に使うテクニックの一つです。

類推解釈と似た解釈手法として、**拡張解釈**があります。これは、ある言葉が広い意味にも狭い意味にも取れる場合に、あえて広い意味に取るものです。

「ご飯を食べてはいけない」という場合なら、米だけを食べてはいけないとも、食事をしてはいけないともいえるわけです。この場合に、あえて食事をしてはいけないという解釈を取るのが拡張解釈です。

類推解釈は、犬と猫は同じにはならない。にもかかわらず、無理に猫まで適用範囲を拡張するというものです。一方、拡張解釈はそういう無理がない手法だと言ってよいでしょう。

類推解釈は、要件がすべて備わっていないのに無理にその条文を適用するものです。そのため、法解釈においては類推解釈が許されない場合があります（刑法などがそう。刑法の適用範囲を下手に広げると刑罰による人権侵害のおそれがあるから）。そういう場合で、それでも法律の適用範囲を広げたいという場合に、拡張解釈を使います。

● なお、拡張解釈に対して、あえてご飯＝米という狭い方の意味に取ることを縮小解釈といいます。これもその法律の適用を排除するために使うと考えて結構です。

その他にも**準用**という言葉があります。これは類推に近いのですが、刑事法の世界では、類推をすることが嫌われるので、要件が整わない場合でも適用するという場合に準用という言葉を使うわけです。

ただ、いくら類推・拡張をしようにもうまくいかない場合もあります。無理をしても適用できる条文がないという場合ですね。

こういう場合に備え、法律には抽象度が高い条文が用意してあります。「権利の行使、義務の履行は信義に従い誠実に行え」（民法一条二項、前出）「正義・公平に反する不当な利得を得た者には、損失を被った者は利得の返還を請求できる」（民法七〇三条）――これは民法の例ですが、このように抽象度が高い条文があるのです。

そして、どうしても妥当な結論を導くのに適当な条文がない場合は、今説明したような法律を利用することになります。これを**一般条項**といいます。

一般条項は、抽象的であるからこそ使いやすいように思えます。それは、抽象度が高いからこそ、どんな結論でも出しやすいからです。

しかし、どんな結論でも出せるということは、逆に法的安定性の点で問題があり、そのため説得力がなくなる可能性があります。安易に一般条項に頼ることは、理論構成の放棄だといわれるおそれがあります。

そうならないため、一般条項に頼る場合はその分だけ十分な理論構成をなるべくしなければならないと肝に銘じましょう。十分な説明をすれば、安直に一般条項に頼っているわけではないということをアピールできるのです。

具体的には、「信義に従い誠実に」のような抽象的な文言を解釈し、要件の形でなるべく明確にすることです。

たとえば、こんな事例があります。

事例　Aは某年七月一五日、友人Bから、引渡は某年八月三日という約束で、Bがしばらく乗っていなかった中古の車を売ってもらう契約をした。ところが、七月一〇日の時点で、Bが鍵をかけないまま放置したせいで、車は盗まれて行方不明となっていた。

車の取得を見越して、Aが駐車場を借りる契約をし、既に八月一カ月の賃料を支払っていたAはBに返還されない賃料分の損害賠償請求は可能か。

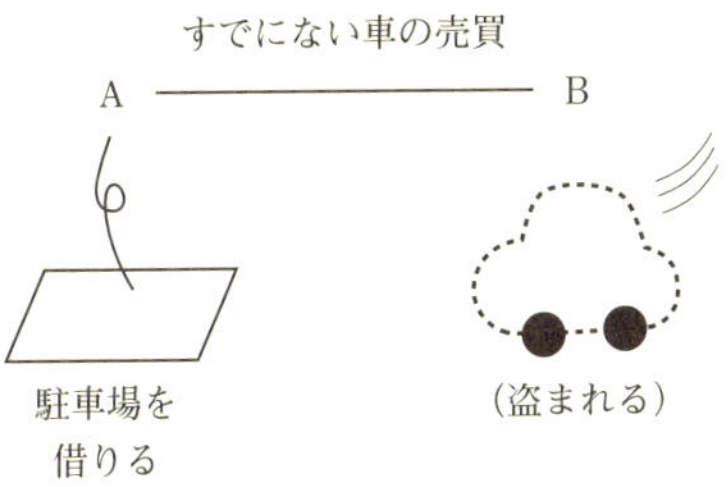

図５　実現不可能な契約

契約をした時、車はなくなっているわけですから、Bは車をAに引き渡すことは不可能です。つまり、契約締結時には実現不可能な契約だったというものです。

こういう場合、自動車の引渡が実現不可能な契約は、たとえ裁判で有効として勝訴判決が下されても強制執行ができません。それを分かっている以上、裁判所は有効だという判決を下すことはできません。結果として、契約は無効と言わざるを得ません。

しかし、契約が無効だからといってAがBに対し何も請求できないというのではおかしいでしょう。契約を有効だと信じた者にはAが無駄な賃料を支払ってしまったように、さまざまな損害が発生することがあります。一方、本問Bのような売主は、無効な契約を誤って締結しないように、十分注意した上で、契約をする義務があるはずです。

とはいえ、この場合にBがAに責任追及をする根拠となる条文はありません（民法七〇九条による不法行為に基づく損害賠償請求が考えられなくはありませんが、Bに「不法」といえるほどの事情があるとは限りません）。

そこで、この場合、一般条項に頼り、Bは信義則上、無効な契約を締結し、相手に損害を被らせない義務があると構成します。

ただ、どのような場合に信義則違反があったといえるかは必ずしも明らかではありません。そこで、類似性が弱く、類推はできないとしても、利益状況が似た条文も探すのです（どうやって探すのかと思う人がいますが、それは民法など法律を勉強して制度を覚えていれば、その記憶に頼ります。記憶の中に適当な条文がなければ、条文そのものを片っ端からみるとか、概説書にあたるしかありません。技術だけで事件処理はできないのでその点はお忘れなく）。

そこで出てくるのが次の条文です。

民法第五六五条

①前二条の規定は、数量を指示して売買をした物に不足がある場合又は物の一部が②契約の時に既に滅失していた場合において、買主がその不足又は滅失を知らなかったときについて準用する。

②「契約の時に既に滅失していた場合……滅失を知らなかったとき」、つまり契約の当時既に滅失したことを知らなかった……とありますから、前の事例と事情が似ています。

この場合、①「前二条の規定は……準用する」とありまして、この中に損害賠償請求ができる点の指摘もあります。

この点、この条文は目的物が一部滅失した時の条文ですし、「数量を指示して売買する」という特別な要件が整って初めて適用できます。したがって、この条文をそのまま本文の場合に適用することはできませんし、類推も難しいでしょう。

しかし、状況が似ているのは間違いないので、この条文を参考にして要件を考えてよいといえるでしょう。

まず、**五六五条**は、請求の条件として買主の善意……物が一部滅失したという事情を知らないことを要求しています。これは、数量不足を知っている者があえて契約をしたとすれば、意外な不利益を負うことはなく、保護に値しないことにその理由があります。

上の事例の場合でも、既に売り物が消滅しているという事情を知っているなら保護の必要はないはずです。したがって、買主の善意を必要としましょう。

さらに、「契約の時に既に滅失した場合」という条件もあります。これも同じく要件とすべきです。これは契約した「後」に目的物が滅失した場合は、前に説明した**五三四条**などの問題になります。これと区別するために必要なのです。

以上で責任追及の要件としては十分か……といえば、厳密に言えばそうではありません。ここは難しいところなのですが、法律の世界では、不利益を負うには、それに対応した責任を負わせてもやむを得ないと言える事由……落ち度が必要であるとされています。**五六五条**はこれを要求していませんが、これはあくまで特別な場合です。

今考えているのは条文の根拠がないのに売主の責任を追及しようという場合ですから、原則からはずれた取扱いをするのはよくないでしょう。

実際にも、物が滅失したのが売主に落ち度がないのに責任を追及するというのは、売主にとって酷といえます。自分の財産が消滅して、入ると思った代金が入らない上に、賠償責任を負うというのですから。そこで、責任追及の要件としては、物の滅失について売主の帰責性を要求すべきでしょう。これで十分な利益衡量をした要件の定立ができました。

このように要件定立というのは、単に似た状況にある条文をそのまま適用しておしまいというものではありません。最低限の条件として、民法の原理・原則（上の事例なら過失責任の原則）を理解している必要があるのです。事件処理にはテクニックだけでなく、それを支える知識も必要なのです。ただし、全て自分で考えるのは荷が重過ぎます。似た状況にある条文では、必要な利益衡量が終わっている場合が多いのです。だから、これを参考にアレンジすれば、すべて自分で考えて利益衡量し、要件を定立する必要はありません。

この類推ができなくても、似た利益状況の条文を探してそれを参考に独自の要件を定立する……

という技法は、大変高度なものですが、難易度が高い問題を解くときには役立つテクニックですから、ぜひ知っておきたいものです。

ポイント

・適用すべき条文がないという場合には、まずは条文の適用範囲を広げる。類推・拡張・準用などの方法がある。それでも適当な法律がない場合は、一般条項に頼る。

・一般条項による場合は、なるべく要件を明確にして対応する。

・反対に、法律の適用範囲を絞るには、要件を足す。または反対・縮小解釈などを利用する。

次に、**（4）複数の制度の適用関係が不明確な場合**の処理の方法です。

適用関係が不明な場合の処理のパターンは三つ。

（4a）いずれの制度も任意に適用ができる。

（4b）一方の制度の適用が優先し、その適用がない場合、他方の適用がある。

（4c）一方の制度の適用しかなく、その適用がない場合も他方は適用されない。

後は、この三つのどれになるかを考えるわけです。特別な理由がなければ、いろいろな制度が利用できた方が便利ですから、(4a) でよいでしょう。具体例は、借主が借りた物を横領して売り飛ばしたという場合に、契約違反だとして損害賠償請求ができる (民法四一五条) と、不法行為だとして損害賠償請求をする (民法七一五条) ことはどちらも可能だと言われています。

一方、(4b) の処理方法を採らなければいけないのは、何か特別な理由がある場合です。まず一方の制度の適用が論理的に先行せざるをえないという場合があります。一方の制度の適用が他方の制度の適用の前提になっているとか、ある制度の適用を優先させると、他方の制度の適用がなくなってしまうとか、そういう場合です。たとえば、他人から預っている物を勝手に処分すると、横領罪 (刑法二五二条) になります。これは任務に背く行為として背任罪 (刑法二四七条) にもなりそうですが、それだと別に横領罪を定めた意味がなくなります。そこで、横領罪になる限り、二四七条の適用はしないのです。

他に条文の趣旨・内容から優劣関係が決まる場合もあります。たとえば、民法は契約関係は維持させる方向で組み立てられています (たとえば、契約締結にいったん同意しておきながら、特別の事情にかこつけて、契約を反故にすることは許さないとされています)。

したがって、契約関係を維持する制度とそうでない制度では、前者が優先して適用されることがあります。

- 勉強が進んだ人は**民法一一〇条**と**民法四四条**の適用関係などが例になりますから調べてみてください。

さらに、妥当な結論を導くため優劣関係を決める場合もあります。

- 勉強が進んだ人は**商法一二条**と表見代表取締役の適用関係などが例になりますから調べてみてください。

このように論理関係、条文の趣旨、結論の妥当性、他に条文の並び方などさまざまな理由から、適用関係が決まるわけです。

最後に（4c）の処理方法を採るのは、複数の制度を両方適用するのが意味がないとか不当だ。いずれかの適用しかありえないという場合です。

そんな場合があるのかということになりますが、たとえば、公正証書原本等不実記載罪（**刑法一五七条**）という罪があります。罪名が長すぎて、「は？」と思うかもしれませんが、これは公の役所で嘘の事実を申告して、虚偽内容の文書を作成させる罪です。この罪は、とくに重要な公文書を作成させた場合に限り、軽く処罰するものです。

この点、虚偽の事実を申告して虚偽内容の公文書を作成させた場合、虚偽公文書作成罪（**一五六**

条）で処罰することが可能と思われます。しかし、刑法一五七条の内容からすれば、刑法に定めがない文書を作成させた場合は、処罰しないと考えるのが適切でしょう。なお、**一五六条**は公務員が故意に虚偽の文書を作成した場合を処罰する定めだ、主体が公務員の場合に限り処罰するという解釈を採ります。

三つのうちいずれにあたるかは、時と場合によりますが、制度の趣旨や結論の妥当性からｂｃにあたらないかを検討し、とくに問題がない場合は（4a）による……と考えればよいでしょう。

ポイント
・複数の制度の適用関係が問題になる場合、まずは（a）（b）（c）のパターンのどれに分類できるかという観点で考える。

最後に、（1）**文言不明確の場合**です。この場合は決まった処理の方法はありませんが、方向性を定めることはできます。

事件解決のポイントは二つ。

（1a）妥当な結論を、

（1b）　法文上無理がない解釈により導くこと、

です。そして、この二つの問題のうち、一つに決まりやすいのは、やはり（1a）妥当な結論です。（1b）の方は、同じ文言でも広くでも狭くでも解釈できます。条文に定められていない事項については、類推解釈でも反対解釈でもできます。

さらに、法文を文字通りに読む文理解釈ができる一方、立法者がその法を制定した趣旨——必ずしも文面上現れるわけではないもの——に合致するような解釈である目的論的解釈も可能です。

このように、解釈によれば、法文を操作すれば、（もちろん限界はあるのですが）白の結論でも黒の結論でも出そうと思えば出せるのです。

この点、その事件をどう解決すれば正義・公平にかなっているのかということは、両当事者がおかれた地位や、法律が制定された理由など諸要素を総合判断して、ただ一つに決まることが多いのです。

ならば、妥当な結論を先に決定し、その結論にあうように文言の解釈をした方がうまくいくということになります。

したがって、ある事件を解決するのに条文を解釈するには、まずはその事件で**妥当な結論は何か**ということを考えるのが適当でしょう。その上で、その結論になるように、以上で説明した手法を用いて解釈を試みるのです。そして解釈と結論がうまくつながれば、その問題は解けたことになります。

ただ、問題が解けたように見えても、できたらもう一度考えてほしいことがあります。それが、その解釈で、他の事件でも妥当な結論が出るのだろうかということです。目の前の事件を解決することだけにこだわって、極端な解釈を取ることは許されません。その解釈が判例ならば、先例として同種の事件では同じ判例に則って事件処理をすることになるのです。そこで不当な結論が導かれるようでは困ります。

そこで、念のためその解釈によると、不当な結論になってしまう場合がないかを考えます。もちろん完全というわけにはいきませんが、不当な結論が導かれる場合がとりあえずのところ思いつかないならば、これで解釈は完成したとしてよいでしょう。

もちろん、この方法で一〇〇パーセントうまくいくとは限りません。

まず、何が妥当な結論なのか分からない場合もありえます。特に学生が試験問題を解くという場合は（経験不足故に）そういうことがあります。現実社会ではいずれの結論を採っても不当とは言えないという場合はあるのです。

そのような場合は、法律の方から結論を出せばよいでしょう。オーソドックスな理論構成で、とりあえずの結論を出すのです。

ただ、この場合、出てきた結論が、一応の妥当といえるかのチェックは必要です。あながち不当とは言えないと考えたら、不当ではないと言えるその理由も法律構成の中に組み込んでよいでしょう。

また、文言をどう読んでも、条文をどのように使っても、その結論を出すことは無理だという場合はあります。たとえば、胎児性傷害――母親に薬物を飲ませ、生まれてきた子に傷害結果が出てきた場合――についてでは、多くの学者は、これを処罰することは現行法では無理で、立法により解決すべきだといいます（判例は犯罪の成立を認めていますが）。

いろいろな解釈を見ていると、条文などあってなきがごとし……という気分になる人が多いと思います。しかし、法律による事件解決という建前を維持するためには、**文言を無視することは絶対にできない**というべきです。法律に限界があり、妥当な結論を導くことをあきらめることも法律家としては正しい態度です。好き勝手な解釈を認めれば、その他の場面で、法律を無視することまで認めることになりかねないからです。

妥当な結論が導けない場合は、潔く文言に従った結論を出すことになります。

ただ、今説明したことは開き直りの一種です。二〇〇の論点があったら一つぐらいのレアな場合に過ぎません。法曹である以上、最後まで妥当な結論が導かれるように解釈を工夫すべきなのです。

ポイント

・文言を解釈する場合は、先に結論を決めるとよい。その結論が出るように法の解釈をする。

・結論が分からない場合は、理論構成から。また、解釈がうまくいかない時に無理に妥当な結論にこだわることは必ずしも必要ない。

以上のように論点の分類と、対応する解釈の方法がありますが、これを知っておくと、次のようないいことがあります。まず、未知の論点が問われた場合に、解決の方針が立ちやすくなります。今説明した考え方の通りにして、問題が解決できないか試みてみれば、当てずっぽうに考えるよりもずっと早く、確実に問題を処理できるはずです。

また、基本論点の修得にも今見た解釈の方法は役立ちます。何の法則もなく物事を学ぼうとしても、なかなか問題は解決しません。その点、今説明した分類と解釈の方法を知っていれば、「ああ、今勉強している論点はこのパターンだな」と、分類することで問題の所在・理由づけの暗記・理解がしやすくなるといえます。

というわけで、法律の解釈を学ぶ時には、ぜひ今説明した分類のどれにあたるかということを意識するとよいと思います。ただ、初学者のうちは逆に今説明したような考え方を使いこなすのは難しいかもしれません。ある程度勉強が進んで、論点が多くてこなしきれない！と勉強の壁に突き当たった時に今説明したような勉強の仕方に切り替えた方がよいかもしれません。

ポイント

・論点の分類と、それぞれに対する解釈の方法を知っておけば、未知の問題に対しての対応の仕方が分かるほか、論点の学習の効率も上がる。

†理由づけの方法

事件処理にあたって未知の論点が出てきた場合、法律構成の中で、自分なりに結論を導き出すための理由づけができなければなりません。そこで、ここでは、理由づけの技術……何となく理由づけをしたで終わらせるのではなく、説得力のある理由づけをするための方法を説明します。

まず、説得力のある理由づけの基本は、**二つの異なる観点から理由づけること**です。もちろん、三つ、四つでも構いません。二つというのは最低限のものです。

また、二つというのは理由づけが二つあるというだけでは不足です。「異なる観点」からの理由づけでなければならない点を肝に銘じてください。同じような方向の理由づけでは、単なる同じ内容の繰り返しになるおそれがあり、その場合説得力は高まらないのです。

この観点を変えた理由づけをするというのは必ずしも簡単なことではありません。

しかし対応の方法はあります。どのような観点から理由づけをするとうまくいくのかという傾向を覚えておき、それを取りかかりにすれば、全くの無から理由づけを考えるよりは楽になります。

そこで、ここでは異なる観点から理由づけをするためのヒントを紹介します。

「異なる観点」として一番望ましいのは、条文や、(法文にはないが争いなく認められる) 理論をもとにした**形式的な理由づけ**と、自説によると妥当な結論が導けるという**実質的な理由づけ**です。

形式的理由づけは、法律による事件解決という形式を守るためのもので、実質的理由づけは妥当な事件処理のためのものです。これらの観点からの理由づけが望ましいのは、この二つの要素を兼ね備えているのが法律による事件解決に他ならないからです。

ポイント
- **理由づけは二つの観点からする。**
- **その観点として適切なのは、形式的理由づけと実質的理由づけである。**

次にもっと具体的な理由づけの考え方です。

まず実質的な理由づけは、出すべき結論が決まっていたら、後はあまり難しくありません。なぜ、その結論が妥当なのかという理由をそのまま実質的な理由づけに流用すればよいからです。

これに対して、形式的理由づけは、また独自の考慮が必要です。

一番基本的な方法が、適用が問題となる**条文の趣旨**……つまり、その条文が何のために定められたのかという目的から考えるというものです。法律は、一定の目的を達成するために作られたものですから、条文ごとにも必ず何のためのものかという趣旨が設定されています。その趣旨を明らかにすれば、その趣旨がかなうように文言を解釈する……というのは立派な形式的な理由づけになります。

事例　甲がAを痛い目に遭わせてやりたいと考えたが、腕力に自信がなかったので、うまくAを騙して薬物を飲ませ、Aはおなかを壊した。甲の罪責を論ぜよ。

傷害罪の二〇四条を例にとって考えましょう。

刑法二〇四条
人の身体を傷害した者は、十年以下の懲役又は三十万円以下の罰金若しくは科料に処する。

この場合の「傷害」に、暴行などで人を傷つける場合が含まれるのは分かります。しかし、薬物を飲ませて体調不良に陥らせることが「傷害」に含まれるとすることは、本来の日本語の語義からすれば、少々抵抗があります。文理解釈によると、体調不良にすることは傷害にあたると思いにくい……ということです。

しかし、怪我をするのもおなかを壊すのも苦しくて治療を受けなければならないというのは同じです。甲が人を傷つけるつもりで暴行の代わりに薬物を使ったという事情を考えると、怪我をさせるのはダメで、病気にするのはいいというのは、脱法行為を許すことになりますから、ここは後者も処罰の対象にすべきでしょう。

後は、処罰を認めるための法的根拠を明らかにすることになります。そこで、**条文の趣旨**を明らかにしてみましょう。

刑法の目的は、身体・生命・財産・自由・名誉・公共の安全・文書への社会的信用・公務の円滑な執行など様々な利益保護にあります。刑法は、各条文ごとに異なる利益を保護させるべく、さまざまな犯罪類型を用意しています。

このうち傷害罪は身体を保護するためのものです。

ここから結論へつなげます。つまり身体を害する行為であれば処罰の対象としなければ、その目的を達成できないというように構成するのです。

- 刑法では、処罰が可能かどうかという点を判断するには、その犯罪を処罰することで、どういう利益を確保しようとしているのかなど、処罰根拠を明らかにすると妥当な結論を導く理由づけがうまくいくことがよくあります。この点も覚えておきましょう。

ポイント
・**実質的理由づけには、結論の妥当性を基礎づける説明をすればよい。**
・**形式的理由づけには、条文の趣旨から考えるのが基本。**

理由づけにおいて**趣旨から考える**という方法は有用です。

しかし、条文の趣旨から考える方法も万能ではありません。まず問題なのは、条文の文言を大切にした処理につながりにくいということです。先ほどの「傷害」の解釈でも、文言から素直に導ける解釈とはいえません。常識的に考えると、法律の本来の使い方は文言通りに……ということになるはずです。国会があえてその文言を選んだことからしても、それを無視することは必ずしもいいことではありません。

文言通りに考えると妥当な結論がどうしても導けない場合は仕方がありません。しかし、文言通りに考えると妥当な結論が導けるなら、積極的に文言を理由づけに取り込むべきです。また、文言を理由にできない場合でも、なるべく本来の日本語としての意味からはずれないような解釈をするのも、説得力がある論述をするのに重要だと覚えておきましょう。「法律による」事件解決である以上、文言を無視することはできる限り避けなければなりません。

しかも、文言を大切にすることで、誤りを防ぐことができることもあります。

前出（一一四ページ）民法六一二条で考えてみましょう。

民法六一二条

1　賃借人は、賃貸人の承諾を得なければ、その賃借権を譲り渡し、又は賃借物を転貸することができない。

2　賃借人か前項の規定に違反して第三者に賃借物の使用又は収益をさせたときは、賃貸人は、契約の解除をすることができる。

この条文は、賃貸借契約において、賃借人が無断で他人に賃貸目的物を使用させた場合、賃借人は契約を解除される……賃貸借契約は終了し、借主は荷物をまとめて出て行かなければならないという条文でした。

そして、前は、賃借人を保護するため、契約解除を制限する方向でこの条文を解釈するという説明をしました。このことは有名なのですが、よくこの条文を解釈するにあたって、「信頼関係が破壊されたような事情がある場合しか解除できない」という表現を使う学生がいます。

しかし、文言を見る限り、無断で他人に目的物を使用させれば、後は無条件に解除できるとなっています。しかし、今みた学生の解釈によれば、解除できるのが原則だということになってしまいますから、条文は解除ができる、解釈は解除できないのが原則というように、大きく読み方が変わってしまうのです。

ここまで読み方を変えてしまうというのは、よほど元の条文が不当であるなど、特殊事情がなければ難しいでしょう。

つまり、文言を大切にする限り、解除できないのが原則となる解釈はおかしいと気がつくはずなのです。しかし、学生は条文の文言を大切にせず、直感的な観念……賃借人は保護すべきだという感覚を優先させてしまうので、「解除できないのが原則だ」と勘違いしてしまうのでしょう。*

＊ 法文を自分の身に置き換えて、そこに規定されていることが妥当か、常識的かということを判断するということは、条文を解釈するのに大いに役立つことです。条文の意味は、字面だけ捉えて何となく受け取るのでは不十分です。実感をもって受け取るような努力をするようにしてください。

加えて、この条文の趣旨に戻って考えてみましょう。そんな難しいことではありません。皆さんがAに建物を貸した。ところが、いつの間にか全然知らない人が住んでいる。どうも、自分が貸したAが勝手に他人に部屋を使わしているらしい……となれば、やはりそれは困るでしょう。自分の大切な財産ですから、大切に使ってくれると信頼した人でなければ使ってほしくないというのが当然です。

そういう気持ちを借主は無断で踏みにじったのですから、信頼関係がなくなる方が普通です。このように、借主が貸主に無断で建物を使用させること自体が信頼関係を破壊するものである……という常識をもとに法律の形に置き換えたのが**民法六一二条**だということになります。とすれば、解除ができるのが原則という解釈は、条文の趣旨からみても許されないものだということが分かると思います。

ただ、今みた説明を、何も知らずに**六一二条**をみただけで思いつくということは難しいかもしれません。

しかし、「解除できるのが原則のはずだ」ということを条文から読みとることは、条文の通常の意味からして、十分に可能なはずなのです。文言を大切にする姿勢が身に付いていれば間違いは防げたということになります。

条文の字義通りの意味を大切にすることは、「法律による事件解決」という建前を崩さないためだというだけでなく、妥当な結論を導くためにも必要だということを覚えておきましょう。

本来のところ、条文の文言は、それに従えばできる限り妥当な結論が導かれるように考えて作ってあります。一部の不備がある条文に目をとらわれて、この原則を忘れないようにしなければいけません。そして、この原則からすれば、法文に従うことは妥当な結論を導くのに役立つということが当たり前だと理解できるでしょう。

いずれにせよ法律の解釈というのは、**妥当な結論**を、いかに**文言を大切にして**導くか。どこまで文言そのものに近づけることができるかという作業に過ぎないと考えても結構です。

●先に決まっているものを、おかしな結論にならないようにいかに読み解くかという点では、神学と法学は大変近いといえます。これは単なる連想ではなく、イスラム圏のようにコーランがそのまま法として通用している世界では、その境界がなくなるという場合があるぐらいです。

●条文の文言について字義通りの意味に取りながら、妥当な結論を導くことは必ずしも簡単ではありません。一方で、「借主は保護する」、「内縁の配偶者は保護する」というような単純な利益考量は容易ですから、それに飛びついて間違ったことを答案に書く人は多いといえます。

しかし、そういう簡単で安直な利益考量は、何かおかしいと思うべきです。今の事例でいえば、無断で自己の所有物を使用された貸主の利益も考慮するという配慮が欠けているせいで、誤った結論を導いたのだと思われます。

このように妥当な結論は、複数のアプローチから導くことができるものなのです。反対に、おかしな結論は、他のルートから検証することでたいていぼろが出ます。解釈の際には、文言、反対利益の考慮という複数のアプローチを試みることも心がけなければいけません。

ポイント

・理由づけにおいて、趣旨から考える方法では、文言を無視してしまう危険性がある。

・文言を大切にすることは、「法律による事件解決をする」という姿勢を見せるためだけでなく、解釈を誤らないためにも重要である。

次に問題なのは、結論を導くのに適当な条文がない場合です。こういう場合は、趣旨を考えようにも、問題となる条文はないので、他の理由づけのためのアプローチが必要になります。

この場合は、条文がない場合の処理の仕方を前述しましたから、基本的にはその方法に従います。つまり、拡張解釈、類推解釈を考える、一般条項に頼るということです。

ただ、これだけでも不十分な場合はあります。その場合も形式的理由づけを探すことをあきらめてはいけません。可能な限り法律に根拠を求めることは、「法律による」事件処理という前提を維持するために絶対に必要なのです。

そんなことはできるのか……と思うかもしれませんが、一般条項に頼るわけでもなく、同趣旨の条文を探すことでもなく、法律構成をすることを試みることは可能です。

まず、適用・類推はできないが、同趣旨の条文を補助的な理由づけとして持ち出すという方法があります。

事例　Aは自己の所有物であった粗大ゴミをB所有の山林に不法投棄した。BはAに対してその撤去を求めているが、AはBに「もう捨てた冷蔵庫は自分のものではないから、知らない」と主張している。ABいずれの主張が適切か。

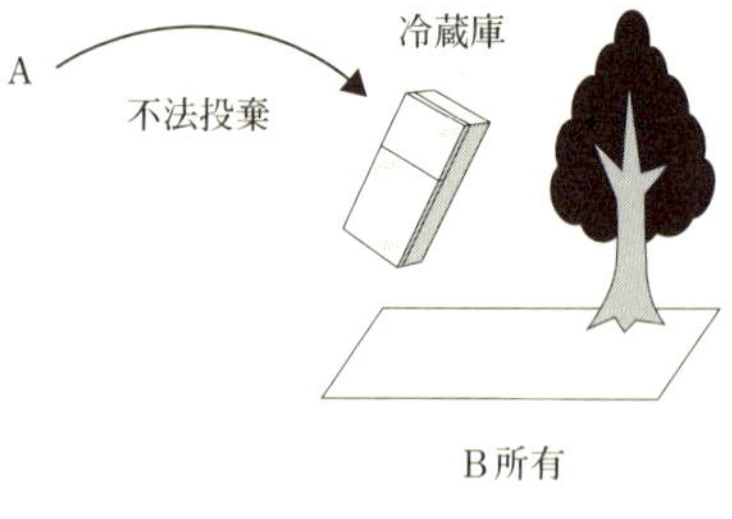

図６

Ａは自分の所有物を放棄したわけです。もしも、これによってＡが権利を失っているとすれば、Ａは撤去しようにも自分に撤去する権限がないと主張することが考えられます。確かに所有権がなければ、Ａは物を処分する権利はありませんし、ＢとＡは何かの契約をしたわけではありませんから、契約にない責任を負う必要はありません。

しかし、だからといって、Ａが責任を免れるという結論が認められないのは明らかです。では、Ａが責任を負うという結論を法律的には、どうやって根拠づければよいのでしょうか。

そのためには、Ａの「所有権を放棄したから知らない」……という主張に対して、「放棄は認められない」という結論を採ればよいでしょう。放棄が認められなければ、そのゴミの所有権は未だＡにあります。とすれば、自己所有物が他人の権利を侵害している以上、これを避けるような措置を採る権限があり、権利がある以上、義務も果たせるという話に持ち込めるでしょう。

そこで、身勝手な権利の放棄は認められないということの**根拠になる条文がないかを探す**のです。

そこで、次のような条文が出てきます。

民法三九八条

地上権又は永小作権を抵当権の目的とした地上権者又は永小作人は、その権利を放棄しても、これをもって抵当権者に対抗することができない。

この条文には、権利の放棄によって他人の権利を害することは許されないという社会常識が示されています。

そこで、この条文を指摘し、法も、他人の権利を侵害するような権利の放棄は認めていない……と主張をすれば、主張に説得力が出てきます。

以上の方法は適用・類推とは違って、このような理由づけは補助的な理由づけにしか使えません。その分だけ、別に実質的な理由づけを十分にする必要があるので注意しましょう。

ポイント

・適用・類推ができずとも、自分の出したい結論を導く理由づけと同じような趣旨にもとづいて制定された法律を示すことで、補助的な理由づけができる。

さらに、法律の傾向というか、価値観から結論を根拠づける方法もあります。

この方法は、民法、商法などでも有効なことがありますが、特に条文が少ない憲法で有効な方法です。

事例　三分の二以上の多数を占めることを条件に、国民投票による法律の成立を認めることは憲法上許されるか。

一般的な感覚からすれば、当然認められるということになるでしょう。しかし、憲法は法律は国会しか作ることができないとしています。

憲法四一条
国会は、……国の唯一の立法機関である。

「唯一の立法機関」とありますから、国会しか、法律を作れないということになります。しかし、四一条にそう書いてある……という文理解釈だけでは、納得がいかないという人も多いでしょう。そこで、今導いた結論を補強するために、他の条文も持ち出すのです。

憲法前文第一段
……そもそも国政……の権力は国民の代表者がこれを行使し……

憲法四三条
両議院は、全国民を代表する……議員でこれを組織する。

憲法前文は、「国政……の権力は国民の代表者が行使」すると言っています。しかも、**憲法四三条**は、全国民を代表する議員が国会議員になると言っています。

つまり、憲法は、代表者に国政上の権力行使を任せる建前を採っているのです。反対にいえば、国民が直接権力を行使する制度はあまりおかれていません（わずかに**憲法七九条**の最高裁判所裁判官の国民審査や、**憲法九六条**の憲法改正などの定めがおかれているだけです）。こういう憲法の規定を積み重ねていくと、法律を国民投票で成立させるという制度は認められないというのが憲法の趣旨であることがより明白になるのです。

一つ一つでは説得力がないものも、このように結論につながるような、複数の条文を組み合わせて法律構成をする方法があるのです。このことにより、法の趣旨、態度がどうかという方向性を示し理由づけをするということです。

● なお、憲法が国民に直接権力の行使を認めないのは、国の政治を行うにはそれなりの判断能力が必要なので、そのような能力がある代表者に権力行使を任せる方が妥当であるという考え方に基づくものです。たとえば株式会社では、経営は株主ではなく、取締役に委ねられている点と比較してみましょう。

ポイント
・出したい結論につながるような条文を複数あげ、法全体が目指す方向性を示すという形で理由づけをすることも考えられる。

先ほど文言を大切に……という説明をしたばかりですが、どうしても法文とは異なった結論を採りたい場合はどうなるでしょうか。この場合は、一つの方法として縮小解釈することが考えられます。縮小解釈をするための説明の仕方として、趣旨から考える方法もありますが、その他の方法もあります。

たとえば次の場合はどうでしょうか。

事例　甲は、自分が取締役を務めるA会社を、倒産しても仕方がないと思いながら、いい加減な経営をして倒産させた。これについて学生乙は「法人も人である以上、あえて人を消滅させるような甲の行為は殺人罪にあたる」と主張した。乙の主張は適切か。

法人をあえて倒産させても、殺人罪になどなるわけがないと考えるのが常識的でしょう。しかし、確かに会社は法人ですし（商法五四条一項）、法人は私法の世界では、多少の違いはあれ、自然人同様の扱いをされます。

一方、刑法はどうなっているでしょうか。

刑法一九九条
人を殺した者は、死刑又は無期若しくは三年以上の懲役に処する。

条文をみれば分かるように被害者は「人」としかありません。となると、文言上は、法人を消滅させることも、「人」を殺したといえなくはないわけです。

ここで、妥当な結論を出すには、少なくとも、法人は人に入らないという解釈をしなければいけません。

ここで、役に立つのは殺人罪を処罰することで、保護される利益が何かということです。殺人罪は、人の生命・身体を保護するためのものだとされています。となると、趣旨から言っても、「人」とは自然人のみを指すということになります。

もう一つ、妥当な役に立つのは法律の並び方です。刑法は、殺人罪の定めがある**一九九条**に続く規定で、傷害、暴行、遺棄（人をじゃまなものとして捨ててしまう）罪を処罰するとしています。法人に対する傷害、暴行、遺棄というのはちょっと考えられません。

つまり、**一九九条**以降の条文では「人」とは、普通に生きて生まれた生物である人……自然人を指すと考えるべきだということが分かります。

以上のようにして妥当な結論が導かれました。今説明したうち、条文の並び方を考慮して理由づけをするというのも、形式的な理由づけの方法として有効です。

> **ポイント**
> **・形式的な理由づけの方法として、適用される法文だけでなく、その前後の法文を利用することも考えられる。**

さらに、例外を認める場合に効果的な理由づけの方法として、次の二つの観点から説明するという方法があります。それが、**必要性**と**許容性**です。

必要性というのは、自分の考え方を採ると、ある利益を確保できるとか、こういうメリットがあるという積極的な理由づけのことだと言い換えてよいでしょう。

一方、許容性というのは、自分の考え方をとっても、弊害が起きない。だから、自分の考え方を採ることに不都合がないという理由づけの方法です。

この観点は、あらゆる場面で使える観点です。

これから法律の勉強をした時に、憲法ならば必要性と合理性、刑事訴訟法では必要性と相当性という表現がされることがあります。これも、必要性と許容性という観点から、ある結論を採ることが許されるかどうかをチェックしているのだと思ってよいでしょう。

以上の論法が説得力があるのは、メリットが大きく、デメリットがないという説明の方法だからです。こういわれて、その見解を採らない方がおかしい……ということになるでしょう。だからこそ、法文上の文言を修正するのにも、役立ちます。具体的には、法文の文言通りに考えることの不都合性を強調するため、そのように考えた場合、不都合な結果になるということを強調します。反対に、文言の通りに考えない場合、得られる利益の程度が大きいこともしっかり指摘します。

前に説明した**民法五三四条**（七〇ページ）の解釈などは、この方法によっています。あわせて確認をしておいてください。

ポイント

・理由づけの方法として、必要性と許容性を示すということも考えられる。
・必要性と許容性を示すとよいのは、メリットが大きいのにデメリットがないという点を示すからである。

†事件処理の手順と法学答案の書き方

以上の説明のまとめとして、法律による事件処理が求められた場合の答えの書き方を説明します。事件処理においてまずすることはその事件を裁判になぞらえることです。その上で、その事件の当事者の一方が、他方にまず何を要求したくなるかを考えなければなりません。法律は、結局、一方の要求が通るかどうかを判断するためのものですから、まずは当事者の請求が何かを決めないと先に進まないからです。

民法・商法だったら相手に何を請求するかを考えます。金を支払え、土地を明け渡せなどいろいろあると思われます。

刑法ならば、問題となった事実が特定の犯罪にあたるかどうかが問題になります。そこで、成立する可能性がある犯罪名とその犯罪の成立を伺わせる問題文の事情を適宜要約して書くことになります。

憲法ならば、国の行為が違憲ではないかどうかが問題になります。そこで、違憲ではないかと疑われる国の行為を指摘することから始めるとよいでしょう。

次に、条文を示します。民法・商法ならば、請求の根拠になり、その事情の下で利用ができそうな条文を指摘します。刑法ならば、成立の可能性がある犯罪の根拠となる条文、憲法ならば国の行為により侵害された可能性がある人権の根拠条文です。

ここで、当事者は二人いるのだから、どちらの主張を取り上げればいいのか迷う人がもしかするといるかもしれませんが、最初に主張をする人は問題文の事情から自ずと決まりますので心配はありません。

憲法なら、国が合憲だという主張を自分からすることはありません。刑法なら被告人から犯罪をした、そういう事実があるとも言わないでしょう。つまり、まず裁判をして、主張が認められると利益が得られる人が誰かを考えればよいわけです。その人がもっとも主張したくなることを考えればよいのです。

民法・商法の場合は、この主張が複数にわたることがありますが、その場合も優劣をつけ、最初に主張したくなることを考えます。

たとえば、物を購入したが、不良品だったという場合ならば、まずは修理・交換を求めるのが常識的です。それに対して、受験生の中には、いきなり損害賠償請求とか契約解消（解除）の話をする人がいます。

確かに買った物がもう代わりがない物（中古品とか骨董品とか）ならば、交換ということは考えられません。しかし、購入した物が工業製品などで、代わりの物が用意できるというのなら、常識的にいえば交換か修理かを求めることになるでしょう。

民法のルールは、売主に修理の能力があるとは限らないことから、修理の請求は無理なのですが、できる限り常識にかなった順序で請求を検討するように心がけなければなりません。

●　なお、条文をあげることができなければ、「明文なく問題となる」として問題点が現れます。ここで、請求を根拠づける法律構成を論じることになります。

ポイント
・まずは、事件を裁判になぞらえる。当事者の一方がまず主張したくなることを考える。
・最初にあげる主張は問題文の事情から自ずと決まる

条文の指摘ができれば、今度は要件事実の認定です。要件ごとに、そこにあたる事実の有無を指摘します。

ここで重要なのは、ある要件にあたる事実の存在に疑いがないと思われる場合は、その要件の解釈にこだわらないということです。論点というと考えられる限り何でも書きたがる人がよくいます。しかし、前に説明したように論点というのは事件処理において、結論が明らかにならないから仕方がなくするものであって、不要ならばすべきではないのです。

事件処理の目的は事件解決です。ここで、なぜ事件が起きるのかといえば、当事者間の意見が食い違うからです。もめ事というのはは、意見の食い違いに集約できるのです。

考えてみれば分かることですが相手のいうことについてすべて、「その通りだ」「認める」ということになれば、争いなど起きようがないでしょう。当事者間で話がまとまらないのは、両者の意見が矛盾し、平行線をたどるからなのです。

だから、事件処理を効率よくするには、そういう平行線になってしまうおそれがある点を抽出して、それを集中的に解決することなのです。その点をしっかり説明すればするほど、負ける方を説得することができ、事件解決につながるのです。

反対に、二人の間に意見の違いがないことについて妙にこだわり、いろいろな学説を持ち出して説明しても、「それがどうしたの？　そんなことは争ってないんですが……」といわれておしまいです。

ちなみに、これは法学部の学部試験などの試験に答える時も同じです。問いを作る人は、聞きたいポイントを設けるはずで、それは、問題文の書き方から、いずれの結論になるか疑問が生じるような書き方をしているところから導かれるのです。当然採点基準も、その点についてどのように論じているのかという点を中心に作られます。

そういう点に敏感に反応して答案を書かないと、基準からはずれた論述ばかりすることになり、たいした評価は得られません。答案の作成は出題者・採点者とのコミュニケートです。相手がどういうことに点数を与えたがっているのかを考えて、それに対応することが必要です。

もちろんこれは点を取るというだけではなく、実際の事件処理でも大変重要なことです。当事者は争いがあることについてどう決着をつけるのかについてしか興味がないはずです。それ以外のことについては、いかに細かな難しい知識を披露しても、「それがどうした」と思われるだけなのです。

どうも、細かな難しい知識を知っていることは当然に評価の対象になると考えている人が多いようですが、少なくとも事件処理、およびそれが問われた問題では、知識をひけらかしても全く加点の対象にならないということは心すべきでしょう。

ポイント

・要件事実を一つずつ認定しながら、当事者の間に意見の食い違いが出ると思われる点を探し、重点的に検討する。

・当事者の間で意見が分かれそうにない点について、くどくどと論じることはやめる。

以上のようにして要件を検討し、問題点を指摘して、解決法を示せば、結論が導かれます。要件事実の有無に従って権利・義務の有無は判明しますから、それに基づき、最初に掲げた主張の当否を示しておしまいです。

以上の基本的な流れをまとめると次のようになります。

問題文の事情→請求→法的根拠

問題提起→論証→規範定立

あてはめ、結論

ただ、要件を一つ一つ検討するということができない場合があります。

たとえば、憲法では、問題となる条文の指摘ができても、それにより合憲性の判断ができる場合はほとんどありません（思想良心の自由の侵害、検閲の禁止ぐらい。それでも解釈が必要）。そこで、あてはめの前に合憲性判定基準を立てることになります。この場合、まとめて要件を考えることになります。

あとは、自分が立てた要件に照らし、問題文の事情を評価することになります。評価というのは、問題文の事情を抜き出し、それを合憲、または違憲のいずれにつながるかの説明をすることです。

憲法や刑法総論、民法でも信義則違反や不当利得の有無の判断など、規範が抽象的な場合は、あてはめに説得力を持たせるため、丁寧に論述をすることが必要です。この丁寧という意味は、問題文の事情をいかにうまく言い換えて、結論につなげる理由に昇華させるかということです。

たとえば、「公立高校で生徒Aが退学処分になった」という場合、「退学処分が違憲だ」という結論につながるあてはめを考えましょう。まず退学処分は、生徒の権利の侵害が大きいといえるでしょう。高校で教育が受けられなくなるし、ここまでしてきたこともフイになる。この後の人生にも影響するかもしれない大変なことです。

ここまでは誰でも分かることですから、もう一歩、違憲だ、許されないという結論につなげるための説明はできないでしょうか。たとえば、退学というのは「教育の放棄」だという評価はどうでしょうか。退学により、学校はAに対して教育をする責任がなくなります……が、学校はいったんAを教育することに承諾をして入学させたわけです。退学というのは、それを途中で放り出すということですから、よほどのことがない限り許されないということになるでしょう。

ここまで説明すれば、退学というのは、学校の自由にできるものではない。よほどの理由がない限りできないということが伝わってくると思います。

しかし、なぜ、要件を細かく検討できる場合とそうでない場合が生じるのでしょうか。それは、要件を細かく検討ができる場合は、既に要件を定立する際に、複数の利益の衡量が終わっており、具体的になっているからなのです。こういう場合は当てはめは単純に済みます。

これに対して、要件が抽象的な場合というのは、そこではまだ十分に利益衡量がされていません。そこで、あてはめで具体的な利益衡量をすることで結論を出します。

結局、法律的な事件解決とは、利益衡量に尽きるわけです。ただ、それが条文の制定の際に終わっているか、要件の解釈の中でするか、規範定立でするか、あてはめでするか……ということだということができるでしょう。

ポイント

・憲法など要件が抽象的な場合は、要件の検討では済まない場合がある。その場合に重要なのは、あてはめにおける事情の評価である。これにより十分な利益衡量をおこなう。

基本的な型は今説明した通りです。ただ、他方当事者が主張したいことが出てきて、その主張の当否の検討が組み合わされる場合もあります。その場合も、法的根拠を指摘し、その要件の有無を検討、場合によって条文に解釈を施す……という流れは同じです。

以上のような型を身につけるとどういうメリットがあるのでしょうか。

法学を学び始めて、知識はついた。しかし、法学をテーマにした試験問題の場合、どのような手順で問題を考えればよいのか、答えをどのようにして書けばよいのかがさっぱり分からないという人は多いと思います。

とくに法科大学院への進学や、各種資格試験の受験を考えている人にとっては、答案の書き方をしっかりマスターしたいと思う人が多いでしょう。そういう人にこの項目の説明は役立つのです。今説明した型を守れば答案が書きやすくなる、そういう問題が多いからです。

ただし、ここで説明したのは、法学に関する問題を考える際の、着眼点というか型のようなものに過ぎません。したがってその型の中を埋める答えを書くためには、法学の知識がまず必要です。また、単に知識を学んで、型を学んでもまだその間には埋まらない溝があります。これを埋めるには、典型的な問題に対してどのような答えを書くのかという答えそのものをみて、ある程度の数をこなすことが必要です。

それでも今説明した型は答案を書くのに大変役に立つはずです。

具体的には、右で説明した必要な訓練をした人が、未知の問題を解くのに手がかりを与えて、どう処理をすればよいのか全く検討がつかない……という状態になることを防ぐことができます。つるつるの岩となると、それをよじ登ることは困難です。そこにくさびを打ち込んで足場を作るように、問題にくさびを打ち込んで、答えを編み出す足場を作るためのものだと思ってください。

もう一つは、その型はどの問題を解く場合にも共通する型です。だから、問題とその答えを読む場合、答えはその型にあわせたものになっているはずです（予備校の答案などではそうなっていないものもありますが、それは書き手に力がなくて、行き当たりばったりの答案を書いているからです）。となると、答案を読んでいても、構成がある程度予測できることになり、結果として答案を読む速度が速くなります。これは、なるべくたくさんの問題と答えにあたって、答案の書き方や知識を学ぶのに役立ちます。

答案を読んで意味が分かりにくいものは、たいていこの型が守られていません。問題集などを読んでいて、そういう答案にぶつかった場合は、これを自分で分かりやすく書き直すことが勉強になります。その場合にも、型を意識することで、どう書き直せばよいか分からないという事態に陥ることを防ぐことができます。

ポイント

・法学の問題を処理する手順を知ることで、未知の問題を解くための着眼点が得られる。他人の答案を読む場合も、流れをつかみやすくなる。

・ただ、文章の中身を埋めるための知識はしっかりと勉強をしなければ、事件処理はできない。

第 4 章

練習問題集

第三章までで、相当高度な事件処理の方法を説明しましたから、これをもとに実際の事件処理ができるか、試みてみましょう。

この章を通じて本書の「法律を使った事件処理ができるようになる！」というふれこみがウソではないということが分かってもらえると思います。また、技術というのは実際に使ってみなければなかなか身につかないし、技術の有用性も実感できないものです。本当に法律を使った事件処理ができるようになるには、訓練が必要ですので、本章はその手引きにもなるはずです。

そのため、「法律はまだ十分勉強しておらず、分からない」という人にも分かるように説明します（その分完全解の説明は割愛し、方針だけ示します）から、おつきあいください。前章までで説明した技術が、難しい事件を処理するのにも有効だということが分かってもらえたら大成功です。

もう説明した技術はどの法律に関わる事件処理でも有効ですが、まず最初は身近な事件を扱っており、とりつきやすい民法に関する事件処理をしてみましょう。

第一問

Aは、二〇歳の息子Bが①資産もないのに無職でいることに日ごろから小言を言っていたところ、②BがCから五〇〇万円の借金をしていることを知り、③その借金を返済してやりたいと考えた。しかし、④Bは、「親の世話になりたくない。」と言って、これを拒否している。⑤AがCと特別な契約をすることなく、Bの上記債務を消滅させてやるためには、いかなる法律的方法があるか。

（平成一四年度司法試験論文式試験民法第二問改題）

この事件は、全然初心者向けの事件ではありません。処理をする難易度としては相当高い事件なのですが、ここまで説明した技術を使うとうまく処理できる事件——ということで最初に取り上げました。事情をざっと読んでみた人にとって、「どこが難しいのか」と思うかもしれませんが、どこが難しいのかまで含めて以下の説明で分かってもらえたらと思います。

まず、請求にあたるのが、⑤「Aが……Bの上記債務を消滅させてやるためには、いかなる法律的方法があるか」の部分です。Bは②五〇〇万円の借金があります。こんなものがあれば、Bはただでさえ、①資産もないの無職でいるのに、これからの人生まともに暮らしていけるのか……と傍目からも大丈夫かと思ってしまいます。

Aは普段から小言を言っているのは親心でしょう。だからこそ、Bが本当にまずい状態にあるのをみて、心配になり助けてやろうということなんだと思います。

そこで、ＡがＢを助けてやるには、③代わって借金を払ってあげるというのがよいでしょう。ここで、借金をした当人以外の人が金を返すことができるのかというと、次の条文があります。

民法四七四条一項（本文）
債務の弁済は、第三者もすることができる。（略）

というわけで、この条文は債務者以外の者が弁済……義務を果たすことを認めています。借金を返済するということももちろん義務ですから、これを第三者が代わって果たすことも可能だということになるでしょう。

しかし、Ａは五〇〇万円という大金を出そうというのですから、なかなか子供のためにそこまでできるものではありません。結構金持ちなんでしょうが、それでもすごいことですし、子供からすれば普通はありがたい話なはずです。

しかし、子Ｂは④「親の世話になりたくない」とか、生意気なことを言ってＡに借金を返済してもらうことを拒否しています。普段から小言を言われていることから、ここで世話になったらどんなに恩を着せられるか分からないということでしょう。

しかし、そんなことはＢの単なるわがままです。親としてはそんな意思は無視して、勝手に弁済をすればよい……そういうふうにも思うのが普通でしょう。

ところが、**四七四条**には先ほど指摘した一項に続けて、二項があります。

民法四七四条二項
利害関係を有しない第三者は、債務者の意思に反して弁済をすることができない。

利害関係がない第三者は、債務者の意思に反して弁済をすることができないというものです。ここで第三者とは金を貸し、借りている当事者以外の者のことを言います。本段例の場合、借金をしているのはB、貸主はCですから、Aは第三者です。となると、Aが利害関係がないとなれば、AはBの意思に反して弁済をすることはできないということです。

「Aは親だから、利害関係があるんじゃないか」と思う人がいるかもしれません。確かに、子供がぶらぶらしていて、悪い噂が広まれば世間体が悪いということがあるかもしれません。しかし、それは感情的なもので、お金などに換算してこれこれの損害が発生した……と具体的にすることができるものではありません。

四七四条の「利害関係」というのは、もっと具体的なもの――たとえば、友人が金を借りるのに自分の土地を担保に入れてやったら、友人が期日に金を返せない。そこで、土地を競売にかけられそうになったので、やむなく借金を代わって支払った――というもっと財産的な利害関係がなければならないのです。

なぜそんなうるさいことをいうのでしょうか。一つは、上のような財産的な利害関係がある者には、第三者弁済を認めないと、とくに大きな損害を被るから……という説明ができます。しかしそれだけではありません。それは「利害関係」があるかどうかの判断を明確にするためです。

法律的な利害関係があるかどうかは、それこそ法律を基準にして判断をすればよいから、利害関係の有無の判断が明確にできます。しかし、それ以外の場合にまで弁済を認めてしまうと、どういう場合に利害関係があるかの判断が難しくなるおそれがあります。だから、利害関係がない者による第三者弁済は認めないのです。

一方で、弁済をしてやるというのに、債務者の意思なんか尊重する必要があるのかと思うかもしれませんが、民法では個人の意思を尊重するのが原則になっています。つまり、その人がいやならいやでいいのが原則です。ただで物をあげるという贈与すら、もらう相手がうんといわない限り贈与はできないことになっています。これはもらう方の意思を尊重したものです。

だから、皆さんがAの顧問弁護士で、Aが「なんかうちの息子が生意気なことを言ってます。勝手に支払って構いませんよね」と相談を受けた時、当然大丈夫です……というのは正しくないということになります。

現実にはどうかといえば、Aが勝手に払ってしまい、Cが受け取ればそれは問題がありません。しかし、Cが受け取らないかもしれません。あなたは、民法上返済をできませんよとか言っているかもしれない。そんな不合理なことをいう人がいるのかと思う人がいるかもしれませんが、Bを借金漬けにして、もっと深みにはめよう、悪い道に引きずり込もうとかいろいろ考えているなら、CがAが提供した五〇〇万円を受け取らないことはありえます。となると、Bを救うためにもAは五〇〇万円を支払って、債務を消滅させてやることが必要でしょう。

いずれにせよ問題文ではBの債務を消滅させる「法律的方法」とありますから、勝手に弁済をすればそれでよい——というのは法律に則った解決ではありません。問いの要求に応えるためには、ちゃんと、**四七四条二項**と矛盾した結論を出さないようにしなければならないのです。

というわけで、「四七四条二項があるから弁済は無理。あきらめなさい」という結論を出すことが考えられます。

しかし、それでは結論が常識に反します。このままで済ませては、事件解決にはなりません。Aからすれば、「この先生大丈夫か」ということになります。つまり、法曹に対する信頼が失われてしまうおそれがあるのです。

では、どうするのか。ここでもう一度法律を見ます。法律は、①利害の関係がない者が、②主債務者の意思に反して弁済をすることができないとしています。だから、①と②の要件がそろう場合に弁済ができないわけですから、どちらかの要件を解釈して、要件事実がないという結論に持ち込めばよいことになります。

ただ、①はもう解釈済みです。Aは利害の関係がないから、正面から要件を満たしてしまいます。

そこで、②の要件を解釈してみましょう。

解釈のコツは？　②の要件の趣旨から考えるという基本に戻ってみましょう。そうすると、②の趣旨は、主債務者の意思の尊重です。しかし、本問Ｂの意思なんか本当に尊重する必要があるんでしょうか。本問で、「そんなもん勝手に返済してしまえばよいだろう」と感じるのは、Ｂの主張が単なるわがままだからです。

こういう常識的な感覚は、すっきりとした事件解決をするために大変重要ですから、大切にするようにしましょう。

そこで、Ｂの意思など無視してよいのではないかという方向で考えてみましょう。もう少し②の要件の趣旨を明らかにすると、それは、武士は食わねど高楊枝……とか、むやみに第三者による弁済を認めると、逆に主債務者が困ることがあるというのが理由になります。困ることというのは、第三者がコワイお兄さんで、その人がもっと激しい取立をしてくるとか、女性の借金を払ってあげて、その女性につきまとう人がいるかもしれないとかそういうことです。

しかし、武士は食わねど高楊枝……プライドを守るためというのは全然合理的な理由じゃなく、これは無視してよいでしょう。また、主債務者が困る……というのも、本問の場合当てはまりません。せいぜい小言がはげしくなるぐらいでしょう。

そういうわけで、本問の場合、**四七四条二項**の趣旨からすれば、意思に反した弁済を認めてよいのではないかということになってきます。

ただ、これだけでは条文の文言に反する結論を出すのには、説得力が弱いといえます。もっと決定的な理由づけができないでしょうか。

そのヒントになるのがCからの視点です。問題を考える時は、その事案に出てくる当事者全員の視点から多角的に考えることが必要です。

もしもCが合理的な精神の持ち主なら、Aによる弁済は大歓迎なはずです。Aの支払が受けられなければ、Bから返済はほとんど期待できませんから、Aによる支払はありがたいはずなのです。にもかかわらず、これをBが拒んだら、怒るでしょう。「せっかくAが払ってくれるというのに、何を生意気なことを言っているんだ。そういう口は、借金を返せるあてができてからきくんだな」と。つまりBのわがままは、Aが困るというより、Cが困るのです。Cは金を返してもらうという財産的な問題がありますから、これはぜひとも保護する必要があります。こうして、条文の定めにもかかわらず、主債務者の意思に反した弁済をしてもよい……という特別な事情が浮かび上がってきます。

実はこのような趣旨が現れた条文があります。民法には、債務者が無資力……借金の返済のあてがないような場合、その意思を無視してもよいという定めがあるのです。これを指摘すれば形式的な理由づけもできます。

民法四二四条（本文）

債権者は、債務者が債権者を害することを知ってした法律行為の取消しを裁判所に請求することができる。（略）

「債権者を害する」というのは、財産がなくなって、債権者に金が返せなくなるような行為のことです。財産隠しとかが代表的ですが、そうでなくても高価な財産を贈与してしまい、債権者に借金を払うあてがなくなった場合でもよいでしょう。

この場合、債権者は「債務者が……した法律行為」の取消を裁判所に請求できるのです。本来、人がした契約というのは、契約当事者の意思を尊重するため、よほどのことがない限り、第三者は口出しができません。しかし、金が返せないような無資力者がした行為は、例外的にその意思を無視して債権を確保することを民法は許しているのです。

同じような制度は**民法四二三条**にもありますが、いずれにせよ、これで民法の価値観は理解できたと思います。債務者が無資力な場合、債権者を害することはできず、その意思は尊重されない場合はあるというのです。

これで、形式的な理由づけもばっちりとなりました。本件の場合、Bの意思に反した弁済を許してよい。それはBが無資力な上、その意思が合理的なものではないからだ……ということになります。

これにて一見落着です。

†第一問の解説のおさらい

もう一度、ちょっと、以上の解釈を分析してみましょう。本書で説明したテクニックをどのように使っているかということです。

本問を考えるのに、「まず請求から」入りました。このとき、ABCのうち誰の請求から考えればよいのかということは、問いで「AがBの……債務を消滅させてやるためには」とありましたから、あまり迷う余地はありませんでした（九四ページ）。

次に、Aの主張を認めるのに「法的根拠」を探しました。**四七四条一項**です。この条文は正面から第三者による弁済を認めていますから、Aはこの条文により、適法に弁済をすることができることになります。この点には特に問題はありません。

しかし、それで終わるかといえば、問題文にはBがAによる弁済を拒否しているとありますから、こういうBの主張も考慮しなければなりません（九四ページ）。Bの意思を実現するための法的根拠を探します。すると、**四七四条二項**にたどり着くのです。

こうしてAB、両者の主張とその根拠が明らかになりました。

次に使うテクニックは「結論から考えろ」です（六七ページ）。この場合、弁済を認めるのが妥当な結論だということを社会常識に照らして考えます。そう思えない人も、ひとまず弁済を認めるという結論に対して必ず配慮してください。

後は、この結論になるように条文を解釈します。妥当な結論になることを遮る根拠は四七四条二項ですから、この適用を排除するように考えるわけです。

その場合に使うテクニックが、「要件を増やせ」（一一四ページ）です。つまり、通常意思に反した弁済は不可能である。しかし、条文にはありませんが、特別な事情がある場合、例外的に**四七四条二項**の適用を排除することを考えるわけです。

そのための条件はどのように考えるのでしょうか。これは、「趣旨に戻って考える」（一三二ページ）です。ただ、**四七四条二項**の趣旨は事前に勉強をしておかなければなりません。もっと他の理由づけは、「当事者の立場以外も含めてから多角的に考える」（七八ページ）という視点から考えてみましょう。本問の場合なら、Cの立場に立てば、Bの主張を通すわけにはいかない。Bの主張は不合理だということがよく分かります。

ただ、これは「実質的理由」……つまり、条文を根拠とした理由づけとはいえません。かつBの意思を無視しなければいけない「必要性」に過ぎません。説得力を増すには、「形式的理由」「許容性」を明らかにしたいところです（一三二ページ）。

そこで、使うテクニックが、「出したい結論につながる、同趣旨の条文を探せ」（一四一ページ）です。要するに、債務者に資力がない場合、その意思を無視してよいという趣旨が現れた条文がないかを探すのです。

条文を探すには、民法の知識が必要ですが、本問の場合は、論点の知識まではいりません。**四二三条、四二四条**の条文は大変基本的な条文ですから、民法を一通り勉強した人なら少なくともどちらか、多くは両方を知っているというぐらいのものです。

以上で、十分な理由づけが組み立てられました。後は今の説明を答案の形にすればよいだけです。問いに対する答えを考えるのに、既に説明した技術が随所に使われていることが分かると思います。

第二問

ある株式会社が、平成一二年度の株主総会において、次のような内容の定款変更を行おうと考えている。これについて、商法上どのような問題があるか説明した上、そのような定款変更が許されるかどうかについて論ぜよ。

一万株以上の株式の所有者は、自社の製品を定価の四割引きで購入することができる。

（平成一二年度司法試験論文式試験商法第一問改題）

次は商法の基本的な（しかし意外と処理がしにくい）事件の処理について考えてみます。ビジネスで法律を扱う……となると、商法を避けては通れません。その商法で、本書で説明した技術がちゃんと役立つことを確認していきましょう。

問題は、ある株式会社が、一万株以上の株式の所有者に、自社製品を四割引で購入できるとする定めをおこうというものです。

なぜこのような定めをおくのでしょうか。それは、個人株主獲得のためでしょう。それも、一万株以上の株式を保有していることを求めています。これはなかなかの量です。一万株でイメージがわかなければ、これを自分にとっても分かる表現……たとえば金銭に置き換えるとよいでしょう。

会社によって株式の価値は違いますが、一株一〇〇円を割る会社となると、そうとう危ない会社ではないかということになります。そこで、仮に、一株一〇〇円としてみると、一万株なら一〇〇万円の出資をしていることになります。そういう極端に株価が低い会社でもそういう額になります。もっと現実的なところで、一株一〇〇〇円——それ以上の会社はいくらでもありますが——だと、実に一〇〇〇万円の出資をしていることになります。つまり、商品購入における割引サービスを受けるための条件として、一万株の株式の保有というものは相当ハードルが高いといってよいわけです。

それだけハードルが高いとなると、当然、自社製品を四割引で購入できるというサービスも、それなりに魅力的なものなはずだという推測が働きます。

量販店などに行くと、四割五割は当たり前……かもしれません。しかし、ここはそういうものではなく、なかなか値引きが期待できないもの……建物とか車、有名遊園地の入園券などではないかと思われます。

とすると、特に数量制限がないことも考慮すると、これは相当の利益を相当量の株式を保有した株主にのみ認めるということになります。少なくとも新製品だろうが、値引きが普通はないものといった制限は全くありません。

しかし、そういうことになって困るのは少数派の株主です（持株数が少ない株主のこと。こういう株主の人数が多いこともよくあります）。製品は自分たちの出資を基に作られたものですから、それを安価に特定の株主に横流しされては困ります。これでは会社は利益をあげられません。そもそも、少数派の株主としては自分達が得られる利益はゼロもしくはマイナスで、特定の株主のみ利益が供与されるということでは納得がいかないということになるはずです。

長々と説明しましたが、以上で請求や結論が見えてきたはずです。少数派の株主の立場に立てば、そういう定めをおくことはやめろということになる。しかし、会社は一定数以上の株式を保有する株主がたくさんいてもらいたい。両者の利益が相反するので、これをどう調整するのかということです。そこで法律家の出番になるということになります。

少数派の株主と会社、いずれの主張も一応は筋が通るもので、どちらが正しく、他方が不当だと一概にいえないものです。問題なのは、両方とも自分のことしか考えていないということかもしれませんが、紛争の当事者などはそういうものです。

ではどうやって結論をつければよいでしょうか。結論からいけば、「そういう場合こそ法律によれ」ということになります。「結論が明らかな場合は、結論から。明らかでない場合は法律構成から」というルールを使うのです。世の中にはどちらの言い分ももっともであるということはよくあります。まさにそういう場合に備えて先にルールを作っておくわけです。本問のような場合は、条文そのものや、原則的な考え方から処理をするのが適切だということになります。

ここで役立つ基本的知識が株主が何者かということです。これは実質的には会社を共有する者といってよいでしょう。共有をしているものは、出資をした分だけ、それに比例した権利を認めるというのが平等です。実際、民法でもそういう取扱いになるのが原則です。

ところがこの事件はどうでしょうか。持てるものにはさらに利益を与え、そうでないものには利益を与えない。ともすれば収奪の対象になっているわけです。つまり、全然出資に比例した取扱いになっていない。

というわけで、本問のような会社の定めは法が定める原則に反するわけですから、本問のような制度は、違法で無効だということになるでしょう。

以上の事件の処理において法的な知識としてはあまり難しいものは要求されません。民法なら持分に応じて（これは出資額により決まることが多い）平等に、そして会社法では、保有する株式に応じて平等な扱いを受けるという原則を知っていれば、結論を出せます。

しかし、それでもこの事件の処理が難しいと感じる人がいます。その理由は、問題文の中にある一万株とか、四割引で商品を購入できるとか、購入できる数に制限がないのではないか……などの事情をどう評価するかが、問題文だけを見ているだけでは思いつきにくいからなのです。

試しにこの事件の処理を学生にさせてみると、一万株というのが多いのか、少ないのか見当がつかず、四割引程度ならバーゲンセールなら当たり前だから大したことがない。だから、これは大したことがない利益を一部の株主に与えるに過ぎないから、違法ではない……と結論づけた人が少なからずいました。

本問は平等原則に反するか……という抽象的な問題ですので、要件にあたる事実があるかどうかという点を細かく判断するものではありません。問題文の事情を十分に評価し、見過ごせないほどの不平等が生じているか、それほどではないのかというどれの方向を採るのかを示すべき問題だったのです。そこに処理の難しい理由が隠されています。「要件が抽象的な場合は問題文の事実をいずれの結論に近づけるか評価せよ」という技術により、それを正確に行うべき場合だというわけです。

民法・商法となると、条文が明確で、このような説明をしなければならない事件は少ないのですが、それでも抽象的な原則に従った事件処理をしなければいけないことがあるのです。

そして、このように抽象的な要件の認定が求められる問題で正しい解答を導けるかどうかを分けるのは、法学の勉強を含めてその人が身につけた知識・経験全部と、それを利用してものを見る目があるかにかかってきます。

本事件の場合なら、問題文の事情を、原告・被告いずれにとって有利なのかという観点から評価することが必要です。言い換えると、違法につながると評価するか適法につながると評価するかです。その評価は直感ですることは許されません。そうではなく、自分の知っている知識を組み合わせ、何が相場か、社会常識なのかを評価するのです。

たとえば、株式というと一株どのくらいの値段だったか……これを思い出せば、一万株というのがどういうものかが分かるはずです。後は、一万株を所有する株主が一〇〇万円とか一〇〇〇万円とか、場合によってはもっと多くの出資をしているというような評価ができれば、一万株というのは相当な数の株式を所有している場合だという社会常識が導けます。

このように自分にも分かりやすい形に言い換えるのが問題文の事情から妥当な結論を導くコツです。その際には、「一〇〇〇万円は高額だ」のような、一般人にとってはほぼ間違いがない常識を利用し、適法につなげるか、違法につなげるかの方向性を決め、それに従って問題文の事情を評価し、結論につなげていくのです。

平等か不平等か、見過ごすことができないか、それほどでもないかというのは相対的なものですから、直感によるだけでは結論が出せません。そこで、目の前の事情がどちらの結論につながるかという物差しを導入して、それを絶対的な基準とする必要が出てきます。その物差しが、一般人にとっての常識、**社会常識**なのです。

だから、自分の身につけた社会常識という物差しが偏ったものであれば、正しい結論は出せません。情報不足でも同じことですし、その組み合わせ方がおかしければやはり正しい結論は出せません。さらに、社会常識などの物差しから逸脱しているかどうかの判断を間違えれば、やはり誤った結論につながるでしょう。

法律による事件処理で最終的に正しい結論を導くには、社会経験・知識とその分析、目の前の事実への応用という過程を通じて判断を下すことが要求されます。

だから、単に法律の勉強をしているだけでは、法律を正しく使いこなすことはできません。法律を正しく使いこなすには、それ以外の知識・経験を広く積むことが必要なのです。もちろん、人に与えられた時間は限られていますから、広く知識・経験を積めといっても、なかなかそうはいかないと思う人がいると思います。

だから、時間をたくさん割けとはいいません。その代わり、心がけが重要でしょう。新聞やテレビでどん欲にニュースや読み物から情報を収集する。いろいろな人の話を聞く。そういうことをちょっと心がけるだけで結果は違ってくるはずです。

さらに、問いの答えを考えるときも、難しい事件であればあるほど、条文など法律的知識を暗記してはき出すだけでは解決しないということも頭においておく必要があります。事実の評価の際には、意外な知識が役に立つことがありますから、関係がありそうなことは何でも思い出して、問いに答えるのに役立たないか考えることです。

ポイント

・平等かどうか……など、抽象的な問題が問われている場合は、自分の判断を確かめるための物差しとなる知識を思い出し、それを手がかりに正しい結論を導く。

・物差しとなる知識を身につけるため、条文の内容、判例、統計その他諸々の知識を身につけるように心がける。また、これを使いこなすべく、問われた問題に対して少しでも関連性があると思われる事情はしっかりと思い出し、考える材料にする。

今説明した技術を使って処理する事件をもう一つ解説します。

第二問補題
次の事例において、商法上、A株式会社の取締役会の決議が必要か。ただし、A会社は、株式会社の監査等に関する商法の特例に関する法律上の大会社又はみなし大会社ではないものとする。
A会社の代表取締役BがC株式会社の監査役を兼任する場合において、A会社が、C会社のD銀行に対する一〇億円の借入金債務について、D銀行との間で保証契約を締結するとき。
（平成一五年度司法試験論文式試験商法第一問改題）

問われているのは、A社が、C社の一〇億円の借入債務を保証するためには取締役会の決議が必要かということです。

取締役会とは、株式会社における経営者会議のことです。だから、その決議が必要というのは、会社の経営の方向性を左右するとか、会社の財務状況に大きな影響を与えるというような重要な事項のはずです。

そういう視点で、事例をみるとA社が締結するのは一〇億円の保証契約です。A会社は、大会社ではないとあります。これは単に大きな会社という意味ではありません、何が大会社にあたるかは特別な法律（商法特例法）に定められていて、資本金五億円以上の会社などがこれにあたります。となると、A社は少なくとも資本金は五億円未満なわけです。資本金額がそのまま会社の価値であるというわけではありません。しかし、少なくとも会社の資産から負債を差し引いた額が資本金を超えていない会社というのは、経営が危ない会社だといえます。

こういう事情からすれば、一〇億円というのがA社にとって少なくない額の借金だということが分かります。とすれば、ここは取締役会の決議は必要なんだろうなということになるでしょう。

後は、取締役会の決議が必要とする根拠を探します。

商法二六〇条二項
取締役会ハ左ノ事項其ノ他ノ重要ナル業務執行ニ付テハ取締役ニ決セシムルコトヲ得ズ
（略）
二　多額ノ借財

条文をみると、多額の借財は取締役に決定させることができないとあります。ならば誰が決定するのかといえば、もちろん取締役会です。借財というと、会社自身が借金をする場合のことに思うかもしれません。

しかし、保証というのはいざとなったら一〇億円の返済義務を負う可能性があるものです。自分自身が金を受け取っていないのに一〇億円支払わなければならないという意味では、自分が借金を負うよりも保証の方が負担が重いとみることもできるでしょう。

というわけで、取締役会の決議が必要だとする根拠はこの条文に求めるわけです。それほど難しくはない。単純だと思う人がいるかもしれません。しかし、下手に商法の知識がある人は、意外と今説明したような素直な説明ができないものです。

商法をかじったことがある人がどういう説明をしてしまうのかといえば、問題文の次の点に着目した説明をしているのです。

「A会社の代表取締役BがC株式会社の監査役を兼任する場合において」

Bは保証してもらうC社の監査役である。だから、BはC社の便宜を図ったのではないかということです。そういう不当性がないかのチェックのために、取締役会の決議の必要がないのかという点を考えよう……そういう流れで法律構成をする人が多いのです。

確かにBがC社の監査役であるということは問題文にはっきり書いてある事情ですから、これを無視するのはよくありません。また、上のようにABの利益が相反するおそれがある場合、これを取締役会の承認を要求して規制すべきだという定めもあります。

商法二六五条
取締役ガ……自己又ハ第三者ノ為ニ会社ト取引ヲ為スニハ取締役会ノ承認ヲ受クルコトヲ要ス会社ガ

……取締役以外ノ者トノ間ニ於テ会社ト取締役トノ利益相反スル取引ヲ為ストキ亦同ジ

一部省略をしましたが、前段では、取締役会の承認が必要だとの定めがあります。また、後段には取締役と会社の利益が相反する取引を、第三者（取締役以外の者）とする時も、前段と同じく取締役会の承認が必要とあります。

この定めは、大変有名な条文ですので、受験生はこれに飛びついて、この条文との関係でのみ本小問を検討しました。

しかし、そう考えると、もともと監査役というのは会社の取締役などとは独立した地位から、違法な経営が行われていないかチェックをする役割を持つ役目です。つまり監査役は、自分が監査する会社の営業成績を上げる必要はありませんから、その利益を図るような取引がされるように計らう可能性も少ないだろうということになります。

だから、結局のところ利益相反という観点からは取締役会の承認は不要ということになるでしょう。それはよいのですが、問題は、説明がそれで終わってしまう人が多いのです。利益相反取引に当たらないという結論はよいとしても、承認不要という結論は不当です。だから、ここでは他の観点から承認が必要となるのではないかということの検討をすべきだったということになります。

本来は、利益相反の問題を検討する前に、「多額ノ借財」として、取締役会の決議の問題を検討すべきだったところです。素直に考えれば、まずこの条文に抵触すると考えることになるからです。

しかし、実は利益相反取引に関する事件は、有名な問題として商法を学ぶ際には、結構大々的に取り上げられることが多いのです。そのせいで、商法を勉強したことがある人は、自分が知っていることが問題になりそうだということで、そちらに飛びついてしまい、しかもそれだけで満足してしまう……そういうことが多いのです。

結局、承認不要という結論は誤りですが、そういう結論を導いてしまう原因は二つあります。

一つは、事件処理に限らず、**暗記に頼ってものごとを処理する習慣がある**点です。

暗記による処理というのは、まさに自分が知っている事件に対しては、完全な処理方法を暗記してはき出すことで素早く確実な処理が可能だというメリットがあります。

しかし、知らない問題には対処できません。知っている問題と似ている問題については、微妙にずれた処理をしてしまうという危険性があります。とくに暗記に頼ると、暗記したことをはき出すことで楽に事件処理らしいものができてしまいます。その結果、**思考停止**して、事件中の特別な考慮すべき点をきちんと考えに入れることができなくなってしまうのです。

もう一つの問題は、事例処理では**妥当な結論を導かなければならないとか、事件の特殊事情をしっかり評価しなければならないという発想がない**ことです。このような発想が少しでもあったら、自分が導いた結論がおかしいということで、なんとか他の観点から承認が必要だという構成がないのかという点に考えが向いたはずなのです。

しかし、後からその点を人から指摘されるまで気がつかなかない人もいます。本書で説明しているような、事件解決の姿勢を知らない人が、商法を勉強したことがある人でもいくらでもいるということです。

本書で説明していることが、他のところではなかなか学びにくい内容だということは、今の説明からも理解してもらえると思います。

ポイント

- **暗記に頼ると思考が止まる。暗記に頼らず、別の観点から結論を導くことも考える。**
- **導かれた結論が妥当であるかのチェックを怠らない。**

第三問

公立Ａ高校で文化祭を開催するに当たり、生徒からの研究発表を募ったところ、キリスト教のある宗派を信仰している生徒Ｘらが、その宗派の成立と発展に関する研究発表を行いたいと応募した。これに対して、校長Ｙは、学校行事で特定の宗教に関する宗教活動を支援することは、公立学校における宗教的中立性の原則に違反することになるという理由で、Ｘらの研究発表を認めなかった。

右の事例におけるＹの措置について、憲法上の問題点を指摘して論ぜよ。

（平成一〇年度司法試験論文式試験憲法第一問）

民法、商法という私法に関係する問題を検討しましたから、今度は公法に関係する問題の処理をしてみましょう。本書で説明した技術は、公法の分野でもそのまま役立つことが分かってもらえると思います。

というわけで、憲法の問題です。

まずは、問題文の事例を、裁判に引き直してみましょう。憲法の場合、国から人権侵害をされたと国民が訴える、そういう事件になります。

そこで、請求をはっきりさせるため、国民が権利を侵害されたと主張したくなるような、そういう事情がないかをまずは考えることになります。

本問ではＸは、文化祭で研究発表の募集に応募したが、これが認められなかったというところでしょう。具体的には、Ｘは研究発表をする自由を侵害されたと主張することが考えられます。

次に、条文です。本問の研究発表が憲法のどこで保障されているのかというと様々なものが考えられます。たとえば発表という点に着目すると、**憲法二一条**の表現の自由の問題となりそうです。しかし、研究という点に着目すると、**憲法二三条**の学問の自由の問題になるという考え方もできます。「宗派の成立と発展」とは、要するに宗教史ですから、これは学問研究の対象になりえます。もしも、これが学問研究の問題となると、表現の自由よりは、学問の自由の問題とみるのが適切でしょう。表現というと、様々な表現が考えられます。要するに一般規定ですが、学問といえば、単なる表現というよりも特別の領域を指す、特別規定と考えられるからです。

しかし、本問事情を見る限り、今回の問題は高校におけるものです。高校生の研究発表となると、中には本格的なものがあるかもしれませんが、学内の文化祭で発表するものである点も考えると、どうも「学問」研究というのは、大げさな感じがします。

なぜこのような感覚がするのでしょうか。それは、高校生というのは、研究の主体というよりも、教育の対象というふうに捉えた方が社会常識にあうからではないでしょうか。

また、文化祭というのは高校教育のカリキュラムの一環で、研究発表もその枠内のものであると考えると、ここは高校生への教育活動の一環ということになります。

となると、Ｘが奪われたのは**教育を受ける自由**であるとみることができるのではないでしょうか。

これは**憲法二六条**が教育を受ける自由という形で保障している、立派な憲法上の権利です。

以上から、Xは校長という公立高校の責任者に教育を受ける権利を侵害されたと主張することがもっともしっくりくるということになります。

しかし、この事件を憲法を勉強したことがある学生に検討させると、多くはそう構成しません。教育を受ける権利ではなく、信教の自由の問題とする学生が多いのです。

ほんとうにそう考えてよいのでしょうか。高校側が研究発表を認めなかったのが信教の自由の制約になるとすれば、Xの研究発表は宗教活動にあたるということになるでしょう。しかし、研究発表のテーマは、宗教に関わるとはいえ、成立と発展という宗教史に過ぎません。これを発表することが宗教活動なら、社会科の授業で宗教史を教えることが宗教活動になってしまうでしょう。

しかも、これを宗教活動とみる……たとえばXの真の意図が布教活動にあったとすると、Xの自由が侵害されたという主張は認められにくくなるでしょう。文化祭も公立高校も特定の宗教の布教活動をする場でないからです。

それに比較すれば、自分は文化祭で研究発表を体験し、経験を積みたい……と主張した方が、文化祭の目的からして、至極まっとうであることから、これを不許可にするのが違法だという主張がより説得的になるのではないでしょうか。

法律構成は結論を導くための手段に過ぎません。訴え提起をする目的は自分の主張を認めさせるためにあるのです。となると、せっかく訴えるのなら、自分の主張が通りやすい構成にすべきでしょう。

しかも、本問の場合は、文化祭における宗教史の研究発表という事実を見る限り、これを宗教活動と評価するよりも学習活動であると評価した方が素直だといえます。

このように、信教の自由の問題とするよりも、教育の自由が侵害されたとみる方が、数段優れた構成になると考えられます。それでもなぜ、学生は本問を信教の自由の問題にしたのでしょうか。

理由の一つは、問題文にXの発表の内容がX自身が信仰する宗教に関わるものであるとされているとか、YがXの発表を宗教活動と認定したりしていることにあります。

しかし、問題文の中で占められている面積は必ずしも問題となる権利が何であるかを考える決め手にはなりません。あるテーマに関係する説明が問題文のうち多くの割合を占めているものについては、何らかの形で答えの中で考慮する必要があります。したがって、信教の自由に関係する説明を法律構成の中に盛り込むことはもちろん必要です。しかし、そのことはたとえば、要件へのあてはめなどで考慮すればよいだけの話です。信教の自由が侵害されたものと構成することには必ずしもつながりません。

もともと物事は多面的なもので、それは本問のXの行為も同じです。見方によって、憲法上のさまざまな人権規定からその保障を根拠づけることができます。

しかし、憲法上のどの権利を取り上げるのが望ましいかという観点からすれば、Xがした文化祭における研究発表という行為の性質を的確に捉えているものであった方がよいでしょう。もちろん

Xによる違憲だという主張を根拠づけるものであった方がよいはずです。

しかし法学部の学生は、問題文をみて、どの憲法上の問題になるのかということを直感的に判断していることが多く、筋道立てて確認するという習慣がありません。そこに一つの問題があります。

多くの学生の判断を誤らせた原因はまだあります。それが、宗教的な理由で、学内活動をすること（具体的には剣道授業受講）を拒否したことを理由に、体育の単位を不認定としたり、単位不足を理由とした留年・退学処分をしたという事案です。これに対して判例は、原級留置、退学処分は信教の自由を侵害するものとして違憲としました。

実はこれは司法試験の受験生にとっては大変基本的な判例で、論文式試験を受験するような受験生なら誰でも知っている判例です。だから、受験生は「学校」「キリスト教のある宗派」という文言をみて、この問題は判例の事案をベースに作られた問題だと安直に考えたのでしょう。まさに、「**暗記に頼ると思考が止まる**」好例だといえるでしょう。

ちゃんと検討しますと、上の事案の場合、宗教的信念を貫くため学内活動に参加しなかったことに対して不利益な取扱いを受けたわけです。つまり、学内活動に参加しないことはまさに宗教的信念の表れですから、これは一種の信仰の自由の問題になるのは当然です。

しかし、Xがしようとしたことは文化祭における研究発表です。内容は宗教に関係があるものの、それが、ある宗教の成立と発展である以上、これを宗教活動であるとみる必然性はないわけです。

仮にXの発表が、宗教活動だとしても、それに対する禁止は、校内で布教をしてはいけないという、当たり前のものになります。宗教的良心に反する行為を強要するわけではありませんし、布教なら学外でいくらでもできるのです。だから、信教の自由を根拠としても……というか信教の自由を根拠とすると、校長の処分を違憲にすることは難しいでしょう。

一方、判例の事案の場合は、宗教的信念に反する行為をするよう命じられ、信念を曲げることを強要される場合だったわけです。となると、前者は信教の自由を高度に制約する場合で、宗教の自由の侵害を中心に据えるのがぴったりだったわけです。

このように事情が全然違う点を無視して、二つの問題を直感的に結びつけてしまうのは学生の悪いところです。ただ、これは学生のせいだけではありません。そういうことをしないようにせよとか、どうすればよいのかという指導者の指導が十分ではないことも、こういう学生が大量に出てきてしまう原因だということができるでしょう。

ポイント

- 何となく似ているところがあるというだけで自分の知っている事案と目の前の事案を結びつけて考えない。
- 目の前にある事案は筋道を立てて評価をしないととんでもない結論が導かれる。

しかも、有名判例により思考が止まってしまった、判断が狂ってしまったという点は同じ問題の他の部分にも見られました。それは結論です。

そこで、校長の処分を憲法違反というべきかどうかについて、知識がなくても分かるよう、素直に考えるとどうなるのかを説明します。

まずポイントになるのは、国は国民の行為を故なく妨げてはならないという点です。国民は自由に行動していいのが原則なので、合理的な理由もないのに自由を拘束されるいわれはありません。だから、校長が研究発表を認めないというためにはそれなりの理由が必要です。ちゃんと校長の言っていることは根拠があるのか。これを検討しましょう。

ただ、この合理的理由というのは、一応の合理性があればよいとしてよいでしょう。その最大の理由は、文化祭も研究発表を募ったのも学校だということです。主催者は学校ですから、学校がどのような発表をするかを選ぶ権利があるのは当然ということになるでしょう。

この点、学校と、その管理責任者である校長が、文化祭や研究発表を募るのは、教育的効果を狙ったものだということになります。となると、これが発揮されるためには、できるだけやる気のある生徒の発表を受け入れた方がよいでしょう。その意味では、全く自由に研究発表を認める、認めないということを決められるわけではないでしょう。一定の思想に基づく発表のみ選び取るなど恣意的な操作をすることが許されないのは間違いありません。

しかし、教育的な配慮というのは優れて専門的なものでもあります。となると、その専門家でもある教師やその代表である校長の判断というのは尊重されなければならないということになります。法律家は法は詳しいのですが、教育については必ずしも詳しいとはいえません。となると門外漢が口を出すのは抑制的であるべきです。

以上の理由から、一応の合理的な理由があれば、校長の処分は許されるというのが適切でしょう。その上で、校長が研究発表を許さないとした理由を考えます。とすると、それはXの研究発表を宗教活動だと認定した上でのものですから、既にこの点が不合理だといえましょう。

しかし、物事は多面的なものです。もっとも適切な評価ではないとしても、ある面において、その研究発表が特殊な宗教の布教という側面が全くないと言い切ることもできないでしょう。しかも、文化祭は学外者も学校を訪問しますから、そういう人達にXが広く自分達の宗教について知ってもらおうとしているという意図はないとはいえないし、現実にそういう効果もあるかもしれません。

仮にそういう効果があるかもしれないとなれば、これは公立高校の立場としては、できる限り避けた方がよいということになるでしょう。自分達の信教についても研究発表させたいという文句が出るかもしれないからです。

また、校長が公立学校における宗教的中立性といっていますが、これも理由があることです。憲法は政教分離の原則を定めていて（憲法二〇条三項など）、国が宗教的行為をしたり、関わったりすることを禁じているからです。つまり、学校は宗教的行為をする場ではないから、そのおそれがある行為は認められないということです。

このように考えると、校長が研究発表を認めなかったことは、不合理な側面もあるが、全く根拠がないものともいえないという難しい状況にあるといえます。

では、この場合どう考えるのでしょうか。生徒の教育を受ける権利を優先するのか、校長の教育的配慮が優先するのか。

ここで分からなくなったら、視点を変えてみましょう。とくに学校側の事情ばかりみてきましたから、生徒の側の事情に戻って考えます。

よくよく考えると、生徒が研究発表できないとして、生徒が被る不利益の程度はいったいどの程度なのでしょうか。文化祭でしたい発表ができないとなれば、Xは強く不満を抱くでしょう。しかし、それでどのような実害が発生するかといえば、目に見えたものはないはずです。研究発表をしたければ、今はインターネットという便利なものがありますから、これにより全世界に発信することができます。つまり発表の場は、学校の文化祭だけではないのです。

さらに発表が他に不可能としても、それにより被る損害はといえば……少なくとも、単位不認定になり留年になるとか、退学処分になるというよりもずっと小さいといえます。

また、裁判所は国の機関であることを忘れてはいけません。裁判所による判決は、教育関係者にとっては圧力にもなってしまいます。本件は、そういう手段に訴えるほどのことなのでしょうか。

なにしろ、文化祭も、研究発表の募集も学校が主体となっているのですから、その主催者が発表させないというものを、無理に発表せよと裁判所を使って命令するというのは難しいのではないでしょうか。権利侵害の度合いが小さく、裁判所による救済の必要性がないのです。

この辺りの感覚が難しいのですが、鶏を殺すのに牛刀を使う必要はないということです。しかも、裁判所による判断も専門的判断の前には抑制的でなければならないのです。見当違いなところに牛刀を振り下ろすおそれがある以上、余計に抑制的でなければなりません。

つまり、単に筋がどちらが通っているかという単純な事情だけで裁判というのはするものではないということです。

というわけで、校長が研究発表を認めなかった理由は合理的ではない……が、違憲とまではいえないというのが適切なところでしょう。

このように憲法では不当だが、違憲とまではいえないという領域があります。それは、門外漢は口を出すべきではない。専門的判断を尊重すべきである。

さもなければ逆に不当な結論になってしまうおそれがある。裁判所の判断が間違っているかもしれないし、そうでなくても裁判所という強い力を持つ国家機関の判断の押しつけによって、専門家が判断をするのに萎縮してしまう……という配慮があるのです。

ポイント

・裁判所が判断をする際には、専門家の判断を尊重すべき場合がある。その場合は、よほど不合理な判断でない限り門外漢である裁判所は口出しできない。

このようにいずれと判断すべきか微妙だと考えた場合は、他の観点から結論を考えるという習慣をつけるとよいでしょう。

今説明したのは「分からない場合は、専門家の判断を尊重する」というルールですが、それ以外にも「分からない場合は、通常そうである可能性が高い方を採る」「結論がいずれともつかない場合は、法律を形式的に適用して導かれる結論を採用する」など、いろいろあります。

しかし、上の問題に対する司法試験の受験生の答えは違いました。結論を違憲とした人がほとんどだったのです。

その理由の一つは、本問の事案が結論が分かりにくい問題だったという点があげられます。しかも、今説明したばかりの、違憲と不当とは異なるということの意味が分かっていない受験生が大変多いことが誤解を生む原因になっています。

多くの受験生が本問の結論を違憲とした理由はおそらくまだあります。それは、信教の自由というのは重要な権利で、これを制約することはよほどのことがない限り許されないという考え方です。

この知識自体には間違いがありません。憲法を勉強をすれば誰もが知ることとです。しかし、信教の自由が厚く保障されるとしても、それも限度があります。どんなに保障されるとしても、市民会館だとか、公営施設の建物の中で、許可も取らないでビラ配りや説法などを始めたとすればどうでしょうか。これをやめさせたところで、信教の自由の侵害になり、許されない……という結論にはならないでしょう。いくら権利が重要だからといっても、どんな場所、どんな文脈でも保障されるわけではないのです。

しかし、受験生なら多くは信教の自由への制約はとりあえず違憲にしておいて間違いはない。なんといっても制約は原則として許されないのだから……というふうに考えます。要するに知識に頼って答えを出し、きちんと評価・検討することができなくなっているのです。

さらにもう一つ重要な理由は、本問のモデルになったと学生が見なしやすい、剣道授業受講拒否事件です。判例は、その事案で退学処分を違憲としました。だから本問でも同じく違憲でよいと考えたわけです。

しかし、判例の事案と上の問題では、国の処分の性質も、その結果、国民の権利が侵害される度合いも全然違います。ここまで事情が違っても、同じだとみなしてしまうぐらい、暗記に頼ると思考が止まってしまうのです。

確かに、事案と、それへの評価を覚えることは大変重要です。その積み重ねで、違憲になるのかならないのかという相場がどういうものかが体の中に構築されていくからです。だから、暗記をしてはいけないのではありません。正しい事件処理のために、知識を覚えることは絶対に必要です。

しかし、その知識に振り回され、まともな判断が止まってしまうことがあります。これは実は十分に事案にあたっていないという、知識・経験不足のせいなのですが（なぜならたくさんの事例と結論を知っていれば、信教の自由が制約された場合も合憲になる場合を知ることができるから）、たとえ知識・経験が不足していても、社会常識にかなった結論を導くという視点があれば、誤りは相当限度回避できるはずなのです。

本問の場合について、誤解を恐れずいえば、「たかが文化祭で研究発表できないというだけで、裁判所が違憲だという必要があるのか。普通は発表はできないといわれたら、不満がありながらも発表できない……というままで通るのではないか」ということになります。この観点から、事案を評価すれば凡百の解答とは違った、正確な解答が書けるのです。

もちろん、常識というのは何であるか分かりにくいし、常識も正しいとは限りません。しかし、暗記に頼って見当違いな解答を書くよりは数倍ましだといえるでしょう。

ポイント

・暗記に頼っておかしな結論を出すよりも、素朴な常識に頼ってそこから理論構成をする方が数段よい結果になる。

第四問

甲は、愛人と一緒になるために、病気で自宅療養中の夫Aを、病気を苦にした首吊り自殺を装って殺害する計画を立てた。そこで、甲は、まずAに睡眠薬を飲ませ熟睡させることとし、Aが服用する薬を睡眠薬と密かにすり替え、自宅で日中Aの身の回りの世話の補助を頼んでいる乙に対し、Aに渡して帰宅するよう指示した。睡眠薬の常用者である乙は、それが睡眠薬であることを見破り、平素の甲の言動から、その意図を察知したが、Aの乙に対する日頃のひどい扱いに深い恨みを抱いていたため、これに便乗してAの殺害を図り、睡眠薬を増量してAに渡した。Aはこれを服用し、その病状と相まって死亡した。Aが服用した睡眠薬は、通常は人を死亡させるには至らない量であった。

甲及び乙の罪責を論ぜよ。

（平成一〇年度司法試験論文式試験刑法第一問）

公法系の事件としてもう一つ、刑法の問題を考えてみましょう。問われているのは、甲及び乙の罪責……つまり、甲や乙が刑法でいう何の罪を犯したことになるのかということです。

甲・乙いずれから考えてもいいのですが、順番に考えてみます。

犯罪の成立かどうかは、結局のところ刑法が定める要件が満たされたかどうかで判断します。そして、犯罪はすべて人の行為で組み立てられています。そこで甲がどういう行為をしたか、そこから考えていきましょう。

甲がしたこととしては、①Aを首つり自殺を装って殺害する計画を立てたことと、②熟睡させるため睡眠薬と常用する薬を入れ替えたことです。

ここで、①にあるよう、甲は殺人計画を立てている点で、殺人罪を犯したと考えられます。そこで、**刑法一九九条**を見てみましょう。

刑法一九九条
人を殺した者は、死刑又は無期若しくは三年以上の懲役に処する。

殺人罪の成立要件は、ずばり「人を殺すこと」です。つまり、殺害計画を立てるだけでなく、実際に人を殺さなければなりません。

となると、Aは死んでいるから、甲が人を殺した……となるかといえば、そうではありません。なぜなら、Aが死んだのは、乙が睡眠薬を増量したからです。乙は睡眠薬の常用者ですから、これぐらいならばAが死ぬということを考えて睡眠薬を増量したわけです。

しかも、乙が増量した後でも、その睡眠薬は本来は致死量に至らない量だと問題文にあります。とすれば、甲が渡した睡眠薬はますます人が死ぬような量ではないということになります。

また、甲自身も最終的にはAを殺すつもりなのですが、睡眠薬を飲ませることで殺そうとは思っていません。

結局のところ甲がした行為は人を死なせるようなものではなく、甲自身もそのつもりではないわけです。つまり、甲は計画は立てているものの、その準備にあたることしかしていないのです。これでは甲がAを「殺した」とはいえないでしょう。強いていえば、殺そうとしただけです。ではなぜAが死んだのかといえばそれは、乙が睡眠薬を増量して飲ませたからです。Aを殺したのは甲ではなく、乙なのです。

それでも甲は殺人未遂ではないか?と思う人がいるかもしれません。ここはちょっと難しいのですが、未遂犯というのは、結果が発生した場合と同じ刑にできます。

刑法四三条

犯罪の実行に着手してこれを遂げなかった者は、その刑を減軽することができる。（以下略）

「刑を減軽することができる」とあります。減軽というのは、刑の上限を下げるということですが、これは「できる」だけです。つまり、刑を減軽する必要はなく、しなくてもよい。減軽するかどうかは裁判官の裁量に任されているということです。となると、減軽をしないことにすれば、既遂犯と刑は同じにできるということになります。

また、たとえ減軽しても、殺人罪の場合は無期懲役にまでできます。だから、未遂犯、特に殺人罪の未遂というのはなかなか成立させてはなりません。単に殺人計画を立てたというだけでなく、それを実行に移し、相当危ないところまでいかないと、殺人未遂罪にはならないのです。準備をしただけでは未遂にならない……それで本当にいいのか?と思う人がいるかもしれませんが、これはちゃんと刑法が手当をしています。

刑法二〇一条
第一九九条の罪を犯す目的で、その予備をした者は、二年以下の懲役に処する。ただし、情状により、その刑を免除することができる。

このように甲は殺人予備罪にすることができます。だから、未遂罪が成立しないとしても何の罪にもならないわけではありません。刑は軽くなりますが、処罰の対象にできるのです。したがって、甲は殺人予備罪とされるとみるのが適切でしょう。

というわけで、甲の罪責は刑法の条文と、事実を有罪か無罪かという観点で評価するだけで十分に判断することができます。、別に難しい知識は甲の罪責を検討するのに不要なのです。甲は危険な行為をしていないとか、Aに手を下しているのは乙だという事実をちゃんと認識すれば、この正しい結論を出すのには十分です。

ところが、学生はやはり間違える。つまり、多くの学生はこの問題の甲を殺人未遂だとか、殺人既遂だとかいうのです。

なぜそんな間違いを犯してしまうのでしょうか。それは、**一九九条**の「殺した」にあたるかどうかという点の検討をしっかりしないで、ヤマカンで結論を考えているからです。ヤマカンになってしまうのは、では、どうすればよいのか……というところまで、法学の指導者がなかなか説明をしないからなのです。

しかし、この問題は、その直感に頼る学生が正解を導きにくいように作ってあります。具体的には、問題文の最初から、甲に殺人計画があると書いてあります。人は、こういう意図があるという情報が与えられると、甲は黒ではないかという印象を持ってしまうものです。

だから刑法を学ぶとこういうことを学びます。犯罪が成立するかどうかを判断するには、まずは危険な行為がされているか、結果が発生しているか、その行為が結果発生の原因になっているか……というような、行為者の意図ではなく、**発生した事実から犯罪の成否を検討すべきだ**ということです。

その理由は、まさに**主観的な意図を先に考慮してしまうと、誤った判断をすることにつながりやすい**からです。本問の場合、「殺した」という事実は現実にないのに、これがあるように見えてしまうのです。

特に現に被害者が死んでいるとか、死因になった睡眠薬と同じものを飲ませようとしているという点から、誤解しやすいように作られた本問の事情では特にそういう結論を出してしまいがちです。

つまり、本問は犯罪が成立するかどうかを判断する手順（これは犯罪論体系といいまして、刑法を学ぶと必ず勉強をします）をどれだけ忠実に守ることができるかが問われているのです。ごくごく基本的な公式を愚直に守れば間違えないのに、公式を十分に使わず、直感で結論を出す学生が多いので、そういう学生が間違えた結論を出すように問題が作られているといってよいでしょう。

ポイント

・刑法の問題を解くのに直感に頼ると失敗する。刑法が犯罪だとしている事実が本当にあるのかという観点から丁寧に考えること。

次に乙の罪責です。乙の罪責は結論として殺人罪に決まっています。死因になった睡眠薬の服用は乙が取りはからったものですから当たり前です。

しかし、それでも乙が本当にAを殺したといえるのかという点について疑問点がないわけではありません。それは、睡眠薬は致死量ではなかったという事情があるからです。

致死量に達しないものを飲ませたからといって本当に殺人といえるのだろうか。そう迷う人がいるかもしれません。

しかし、騙されてはいけません。殺人というには、ターゲットになったその被害者が死ぬのに必要十分なだけのことをすればよいのです。そして、どの程度のことをすれば人が死ぬかということは、被害者がどういう状態であるか、など諸々の事情から異なってくるのです。

たとえば、妻が夫に食事をつくらなくても、夫が死ぬことはないでしょう。しかし、被害者が赤ん坊なら、死ぬ可能性があるのです。食事を与えないことも立派な殺人なのです。被害者の事情は様々ありますから、そういう事情にあわせて必要なことをすれば殺人といってよいのです。

もしも、睡眠薬を飲ませたことでは殺人ではないというのなら、Aが死んだのは睡眠薬を飲んだからではなく、病気だから、体が弱っていたから死んだということになります。確かにそういう一面もありますが、少なくとも死への引き金を意図的に引いたのは乙であって、それだけで乙を処罰するには十分です。

状況によって人は死にやすい状況も死ににくい状況もあるのです。もし本件の睡眠薬を飲ませることが殺人でないなら、死にやすい状況にある時に、その状況を利用して殺すのは殺人ではないということになるでしょう。そんな馬鹿な話はありません。

というわけで、ある者が殺人をしたというためには、その者の行為が被害者死亡の唯一の原因である必要はなく、最大の原因である必要もありません。重要な原因であるといえればいいのです。

そして本問の場合の乙はわざわざ睡眠薬を増量しているわけです。致死量には達していないとはいえ、常用者だからこそ危険な量がどの程度なのかということは分かるでしょうから、それだけのものをAに飲ませていると考えられます。

というわけで、乙は間違いなく殺人の罪に問われることになります。これはあまり間違える人はいないでしょう。

第　5　章

法学を学ぶ過程ですること：とくに試験合格を目指して

第四章までで、法律の使い方は十分説明はしました。その意味で本書の目的はもう達成されたと思われますが、この本を手に取る人は、大学や大学院、法科大学院の学生の人も多いと思います。しかし、法学は数学や歴史、英語とは違って、高校までほとんど学ぶ機会がない学問です。公民や現代社会などで、知識を学びますが、それは単なる知識の伝授に止まり、理論にあたる部分は全くといってよいほど説明されません。

たとえば、憲法は国や地方公共団体を規制する法です。だから、一般国民の間の法律関係には原則として憲法の適用はないということすら勉強をしません。これは、数学で言えば算数にあたるぐらい基本的な知識なのに、このことを知らない人がほとんどだといえます。

つまり、法学は大学に入って初めて他の科目の小学校程度の知識から全部を学ぶものだということになります。となると、本来のところ、最初は小中学生に教えるぐらい親切に法学を教えてもよいということになるはずです。

しかし、実際のところ、大学や法科大学院でそのような教育がされているかといえばほど遠いのではないかというのが現実です。

たとえば、法科大学院の未修者クラスでは、そういう授業が行われなければおかしいはずです。未修者が相手なのですから。しかし、実際には、小学生に対して、なにも基本的なことを説明しないでいきなり高校か大学レベルの知識についてレポートをまとめてこい……というような授業をしている場合もあるとあちこちで聞きます。未修者クラスとなると一年で既修者と同様の法律の知識を身につけることが要求されるわけですから、ある程度は仕方がない面がありますか……が、それも限度があるでしょう。

そういうやり方ですから、未修者の人も大学の法学部に入った人も、どう勉強をすればよいのか分からず、困惑することになります。

本書の読者にはそういう人が多いのではないかと思うので、初学者が無理なく法学を学ぶにはどうするのか、その手引きをする。これが本章の目的です。

†法律はどの程度暗記すべきか

法律を学ぶと最初にぶつかる壁は、聞いたことがない言葉が次々出てくるということです。ところが、大学の試験では、中学・高校までとは違い、「××は何か」のような一問一答式のような問題は出題されません。出ないとなると、「重要ではないのではないか」「覚えなくてよいのではないか」と知らず知らずのうちに思ってしまうものです。

しかし、単語を知らず外国語で会話したり、文章を読んだりすることはできません。それと同じで法律的な説明を理解するには、難しい言葉……つまり、テクニカルタームの意味をしっかり理解し、暗記することが必要なのです。これをしなければ法文の意味自体が分からないことになりかねません。ましてや、論点など法学の応用的な知識など理解できるわけがないのです。

もちろん、当初からそれぞれの言葉について深い理解をすることはできません。だから、まずは辞書的な意味だけでいいですから、出てきた単語の意味を、全部覚えなければなりません。

法律の内容としては、定義・趣旨・要件・効果をしっかり学ぶ必要があります。定義は制度の辞書的な意味、趣旨はその制度が何のためにあるのかという存在理由です。何のための制度なのか知らなければ、どういう事案でその制度を使えばよいのか分かるはずがありませんから、これも理解して暗記しなければいけません。

さらに、その制度を使って事件を解決するには、本書で既に説明したように、要件・効果を利用することになります。事件解決に直接使うものですから、これを知らずに済ませることはできません。

ただ、要件・効果は、全部暗記する必要はありません。六法に出ていることは、六法を見ればよいからです。少なくともすべての要件をすらすらと言える必要はなく、だいたいこんな要件があったなという見当がつけば、後は六法で確認すればよいのです。

覚えなければいけないことは別にあります。まず、**条文には書いてないが**、解釈で必要とされる

要件です。書いてない要件が必要とされる場合、六法を見ただけではそのことは分かりませんから、暗記をする必要があります。

さらに、要件の解釈も覚えなければなりません。その要件をどう解釈するかということは、やはり六法をみても分からないことだからです。ただ、この解釈について、すべてを学ぶということはもともと無理です。最初はほぼ争いなく認められている解釈のみ覚えればよいでしょう。

授業を受けた後は、以上の点に注意して復習をするとよいでしょう。

ただ、授業にあわせてちょっとずつというのはできない時もあるものです。そうすると知識にむらができます。そこで、そういう基本的な知識を一気に復習したいとか、場合によっては講義とは関係なく、先にテクニカルタームなど基本的な知識を身につけたいというふうに思う人もいるでしょう。

そういう場合に役立つのが、拙著『**S式一問一答法律用語問題集**』（**自由国民社**）です。一冊に六法すべての基礎知識が含まれていますから、手軽に六法の基本用語が学べます。

ただし、この本は単語帳のようなもので、理論を学ぶためのものではありません。この本で言葉やその意味を学んだら、授業を聞いて、できる限り理解を深めるようにしたいものです。

このようにして、基本的な知識をある程度覚えたら、次の段階、解釈の仕方を勉強するといいでしょう。この時注意すべきなのは、**基本的な知識をすべて完全に理解し、覚えるということにはこだわらなくてよい**ということです。全部完全に……というのはすぐにはすることができません。そのことにこだわっても、かけたエネルギーの割りに身につくものが少ないし、何よりも進歩がなくて勉強自体がつまらなくなります。

できれば八割、現実的には六〜七割の知識が身につけば、後は解釈の勉強をしながら、忘れたこと、分からないことを調べ、前に勉強した……ということを思い出すということを繰り返しながら身につければ十分です。

基本的知識は、より難しい解釈論を学ぶことよりもある程度先行させさえすれば十分です、後は解釈の勉強と平行して完全な修得を目指すのが効率がよいといえます。

ポイント

- まず法律を学ぶのに初学者は法律用語の意味や条文・制度に関係する知識を覚える。
- 基本的知識とは、論点ではないとか、論点であってもほぼ解釈が固まっているものである。
- 単純な法律用語はその意味を覚える。法律上の制度は、定義・趣旨を覚える。要件・効果については、条文を見ても分からないことをとくにしっかり覚える。
- まずは基本的知識の完全修得にこだわらない。六〜七割でよしとしてよい。

解釈論を学ぶにあたっては、まず覚えるべきは、**問題の所在**です。なぜそれが論点になるのか。

これを最初に覚えます。

本来問題の所在は覚えるべきものではありません。法律を使って正しく事件処理をしようとすると、自然と突き当たる壁のことだからです。しかし、勉強を始めたころは、法律問題というのがどういう場合に生まれるかという具体的感覚を知らない（知っているわけがない）ので、何も知らないで問題点に気がつくということはありえません。

だからといって、答案を書く際に問題の所在をしっかりと示せないと、条文を使って事件を処理しようという姿勢をみせることができず、結果として、書き出しが唐突なものになります。これは印象がよくありませんから、まずは問題の所在を理解しつつも、暗記することで、所在を正確に示せるようにするのです。

また、問題の所在をたくさん覚えていくと、問題点というのは意外とワンパターンである……本書で説明しているような分類ができるということが実感をもって分かるはずです。その段階まで到達すれば、既存の問題の所在についての知識を応用して、未知の問題点を発見することができるようになるのです。

次に学ぶべきは学説・判例などの**法律構成**です。法律構成はまずは二つ学ぶことを目標にしましょう。論点である以上、必ず複数の学説がありますが、その中でも二つの学説を覚えれば、とりあえず答案を書く際に反対利益を考慮する姿勢を見せることができますし、具体的にどういう点で議論が分かれているかを学ぶこともできます。

学ぶ説の選び方は、まずは**判例・通説**です。とくに判例は、実際に事件を処理するにあたり利用されているものですから、これは大変重要なものです。また、通説とされているものも、それなりの合理性があるから通説とされているのです。まずは基本的な論点に対する考え方を学ぶのに、判例・通説はうってつけなのです。

その上で、判例・通説とはなるべく対立点が明確な説を覚えます。結論が分かれる説が最上ですが、結論が同じでも理論構成が大きく違えば、それを学ぶ価値があります。ただし反対説があまりに結論が不当だとか、少数説であるという場合は、それよりももっと有力な説を先に学ぶべきでしょう。結論が不当な説は問題外としても、少数説は少数説なりの問題……極めて特殊な考え方で基本を学ぶのになじまないという問題があるはずだからです。

もっと単純な説明をすると、**有力説を学べばよい**と思います。有力説は対立点が明確だから有力になるのであるし、少数説とは違い、それなりの正当性があるはずだからです。

というわけで、基本的には通説・判例と有力説を学ぶのが基本だということになります。ただし、論点によっては、説を三つ学んだ方がよい場合もあります。たとえば、両極端の結論が導かれる二つの説と、中間説を学ぶという場合です。

どの説を選ぶかは、解釈によりますから、解釈論についての説明を別に聞いてください。

ポイント

・論点を学ぶ際にはまずは問題の所在を理解して覚える。
・次に法律構成を理解して覚える。当面は判例・通説と有力説を学ぶようにする。

学説を学ぶといっても、なにをどの程度学ぶのでしょうか。法律構成は、理由づけと結論から構成されます。だから、まずは結論がどうなるかを勉強します。もちろん単純に理解できない場合もありますが、とりあえずそこから入るのが分かりやすいことが多いからです。

その上で理由づけです。理由づけを理解したというためには、文字通りの意味が分かるだけでなく、それが、結論に対して**理由になっているか**、**筋道が通っているか**ということまで学ばなければなりません。この理由づけを学ぶ過程で、学説間の対立点がより明確になるでしょう。

†その他にどんな知識を覚えるべきか

先ほどは法律の知識のうち何を覚えるべきかという点の説明をしましたが、法学の理解には、それだけを覚えればよいのではありません。

まず、条文の内容や論点を学ぶ場合に一緒に覚えなければならないのは、その条文が適用されたり、問題点が導かれる典型的な**事例**です。事例を覚えることにより、問題点の理解がより深まったり、事例を処理する際にも、自分が知っている事例を参考に手がかりを探したりすることができるからです。

この事例はたくさん知っていればいるほど、未知の問題が少なくなるし、同じではないとしても似たような問題が出てきやすくなります。複数の知識を組み合わせて結論を出すにしても、材料は多い方がよいでしょう。

さらに、事例に加えて、その事例ごとに**導くべき結論**も覚えましょう。論点が問題になる場合は、それぞれの学説からの結論を覚えたいところです。ただし、それぞれの説からどのような結論が導かれるかということを暗記するのは大変です。また、学説の理解にあわせて考えれば結論は導けます。学説をより深く知るため、結論の暗記の前に、なぜそのような結論が導かれるのかというメカニズムをしっかり学ぶ方を優先すべきでしょう。

その他に役立つのは、典型的な事例にまつわる**周辺的な知識**です。なにが妥当な結論かを判断するための材料になる知識といってよいでしょう。

たとえば、土地は他人の利用権が設定されている場合、価値が本来の価値の三割未満まで下がってしまう（一〇〇〇万円の不動産が三〇〇万円位にしか評価されない）という知識を知っていれば、土地の所有者を保護するには、そう簡単に土地の使用権が発生する結論は取れないということが分かります。

このような知識は授業でも説明されますし、概説書にも触れられています。ただ、そういう情報が意外としっかり説明されているのは初学者向けの本です。参考になる本を下にあげておきます。こういう本は法学の世界では大変数が少ないのですが、以下はその数少ない良書としておすすめします。

木村光江『刑事法入門』（東京大学出版会）
中野貞一郎『民事裁判入門』（有斐閣）
小島武司『プレップ民事訴訟法』（弘文堂）
内野正幸『憲法解釈の論点』（日本評論社）
河本一郎『約束手形法入門』（有斐閣）

これらの本を読むと現実、実務はどうなっているのかということを効率よく知ることができるでしょう。図表や統計、実務ではどうかという情報が載っている本を選ぶのがコツです。

一方常識的判断をする力を養う情報源は法学の本に限りません。いろいろなところからどんどん情報を仕入れることも必要です。

手軽なのは、ニュース・新聞をかかさずチェックすることです。そうすればついでにとくに重要な判例が出たら知ることができるというおまけもつきます。もちろん、司法制度改革に関する情報なども得られますし、ニュース解説などを読めばさらに知識が得られます。全部が全部正しいことが書いてあるとは限りませんが、参考にするには十分でしょう。

ただ、情報を集めるといっても法律を扱っているようにみえるバラエティ番組は要注意です。それだけじゃ事情が分からないから結論が出せないんじゃないの？という事件の紹介をして、偏った結論を出して終わっていたり、説明不足であったり、いい加減なものが多いといえます。それを見て、実際に法律構成をする訓練をする……というのは構わないのですが、結論についてはあまり鵜呑みにしない方がよいでしょう。専門家の意見が紹介されていても、勝手な編集がされていることもありますので。

それよりも日常生活の中でも、ちょっとした体験から情報を得ることはできます。たとえば、株主募集のパンフレットを見れば、株主優待制度の内容が書いてあったり、株価がどの程度か、どういう単位で取引ができるかなどの情報が得られます。これは一社だけでは相場を理解することは難しいので、パンフレットを見たり、インターネットを利用したりして情報を集めるといいでしょう。

何しろ、情報を知ろうとか、すぐに分からないことは調べるという姿勢が重要です。今はインターネットがありますから、大抵の情報は検索をかければ調べることができます。専門的なことになると、文献にあたらなければなりませんが、ちょっとしたことならほとんどのことは調べがつきますから。

要するに法学を理解するためには法学だけでなく広く社会の情報を知らなければならない。そのためには手段を選ばず、どん欲に知識を吸収することが必要だということです。

ポイント

・法学を理解するためには法学だけでなく、広く社会に関わる知識を。

†知識はどう調べればよいか：本の読み方

法学に限らず、分からないことが次々に出てくるということはよくあることです。そういう場合に、問題をどう解決するのか。これを知りたい人は多いと思うので、ヒントになることを書いておきましょう。

もっとも重要なのは、**分からないということを気にしない**ことです。もちろん、分からないことをすべて放っておいてよいとか、なにも調べなくてよいということではありません。ただ、調べて分からないことがあっても、あまり深く気にすると、勉強がつまらなくなって挫折するおそれがあります。完全主義は挫折への第一歩と心得てください。

もともと理解というのは、二つの方法があります。一つは、対象になる物に直接触れて理解する方法、もう一つは自分の知っている知識になぞらえて、相対的に理解する方法です。

たとえば、時計というものが時間を知る道具だ。使い方は……というのは、人から話を聞いて判断することもできますが、現物をみて判断することもできます。人から話を聞き、情報を総合して、どうもこういうものらしい……というのが相対的な理解の方法、現物を目で確かめて物事を把握するのが、直接触れて理解する方法です。

ところが、法学の知識というのは、大抵が観念的なもので、目に見えないものがほとんどです。権利・義務というごく基本的な概念すら目に見えません。したがって、法学の知識は、対象に直接触れて理解することは不可能で、付随的な事情の積み重ねで理解するしかないのです。

だから、法学の理解のためには、十分な付随的な知識がなければならず、足りない場合は絶対に理解できないということがあるのです。したがって、今その場ですべてを理解するということは不可能だということになります。

しかも、その付随的な知識が、他の法学の知識だとか、その先に学ぶことだということもよくあります。となると、とりあえず分からないことはそのままにして先に進むことにしないと、永久に目の前にあることは分からないということになります。

暗記は無理をすればできなくはありません。しかし、理解というのは、そのための前提条件が整わない限り無理なのです。

皆さんは、こういう事情をまずしっかり知っておく必要があります。そうすれば、どうしても分からないことがあっても、気にせず先に進めると思います。今はまだそのときではない。そう思えばよいのです。

この点は、**米倉明『プレップ民法』**（弘文堂）など、様々な法学の勉強の本で書かれていることです。荻生徂徠は分からないことが気になって先に進めない人は学問をする資格がないとまで言っています。

ポイント

・ある物事を理解をするには、一定以上の知識・経験が必要である。
・理解をすることができる段階に達していなければ、理解できない。したがって、理解できないことがあるからといっていちいち気にしてはいけない。とりあえず、そのことは脇によけて先に進まなければならない。

とはいえ、その知識が分かる段階にあるのなら、理解をしてしまうべきです。何でも暗記暗記というのでは勉強がつまらなくなりますし、法学的なものの考え方がなかなか身に付きません。そのため、新しく出てきた概念は一応理解ができないかどうかを少し試みてみます。これも単にちょっと考えるというだけでなく、自分で調べてみるという労力を少しは払ってください。多くの知識は、自分で調べた方が早く理解が得られるものです。

それでも、理解できないことを一応調べるための方法ですが、もっとも有効なのは人に聞くことです。もちろん人によりますが、口頭の説明がもっとも印象が強く、分かりやすいはずです。しかも、相手としては、質問者が理解できない点に絞って説明をするのだから、より適切な説明が期待できます。

ただ、この方法は、あまりに簡単なことを調べるのには時間がかかるという難点があります。簡単なことなら、本やインターネットなどを利用して自分で調べても理解ができないということはありません。それならば、自宅で手軽に利用できるこの方法を利用すべきです。

たとえば、単なる言葉の意味などは、**『法律用語辞典』**（有斐閣）などを使って調べた方が早く、人に聞くことではありません。それは効率が悪い上に、相手に迷惑をかけることになります。

その意味で、人に質問をする時は、事前に質問をするポイントをしっかりと絞っておくことが必要です。相手が暇ならばよいのでしょうが、なかなかそうではないでしょう。教えるというのは、大変頭を使う作業で、それだけでもエネルギーがかかります。

にもかかわらず、質問に行ってから質問をする内容を思い出そうとするとか、分厚い資料をめくって、その中から質問することを探すのに時間をかけているとか……という態度は、相手に失礼です。それでは相手も親切に教えてくれないでしょう。

私の経験からすると、質問されたときに答える作業は、答えるのが難しい……という前に、何を聞きたいのかを理解する方が難しいです。まさに質問に答えるというのは、質問者の質問を理解するという暗号解読から始まることが多いのです。質問を受ける人は大なり、小なりそういう感想を持つものですから、質問をする方もそのことを心得て質問をしたいものです。

重要なのは、質問にあたり回答者へ気遣うことは相手のためにするということではないということです。相手から的確な答えを引き出し、時間をかけずに知りたいことを知るために必要なことなのです。

情けは人のためならず……といいますが、ポイントを絞ってうまく質問をすることは「自分のためだ」ということをしっかり確認しておきましょう。

ポイント

・質問をするにもコツがある。何でも聞けばよいというものではない。簡単で調べがつくことは自分で調べた方が早い。

・質問をするときも、知りたいことが効果的に引き出せるように工夫をしなければいけない。

一方、自分で知識を調べる方法についても確認しておきましょう。文献を調べる時に役立つのが、**目次と索引**です。最初は索引から自分が知りたい用語を探して、調べます。しかし、索引を引くと、自分が知りたい言葉が載せられているページがたくさんある場合があります。

これを片っ端から調べて、自分が知りたい情報を探すという方法もありますが、それは面倒でしょう。そういう場合は、目次を併用します。目次からも自分が知りたい知識が載っていそうな部分をピックアップし、索引掲載ページと共通する部分から調べると、より早く情報に到達できるでしょう。

ただ、分からないことを調べるのに、本は一冊では足りないことが結構あります。そうならないように、なるべく情報量が多く、親切な本を買う必要があります……が、それでも一冊でなにもかも済んでしまう完全な本はなかなかありません。

それで分からなければ放っておく……のが原則ですが、ある程度勉強が進んだ人なら、もう少しつっこんで調べれば、調べがつくことがあります。ある程度勉強が進んできたら、本を科目ごとに二冊、三冊と買いそろえていくことをおすすめします。

その際の本の選び方は、まさに自分が家で知らべても分からないことを、書店の店頭で調べるとよいでしょう。そこで、調べやすいもの、知りたいことの答えが載っている本を選べばよいでしょう。

次にインターネットで情報を調べる方法です。条文については法令データ検索システム（http://law.e-gov.go.jp/cgi-bin/idxsearch.cgi）がありますから、これで調べるとよいでしょう。法律のことが詳しく書いてあるページもあるかもしれませんが、どこになにが書いてあるかはすぐには分かりません。結局、手段としては google や yahoo など、検索エンジンの助けを借りることになるでしょう。

その際に、条件の設定の仕方を工夫しなければなかなか知りたい情報は出てきません。条件として設定した単語がありふれた単語であるなど条件が緩やかだと、検索される情報が多くて、すべてチェックしきれません。

ならば条件を厳しくすればよいか……といえば、反対に検索結果がありませんと表示されるおそれもあります。

一番良いのは、自分が知りたい情報が書かれているページにだけ含まれていると思われる単語を厳選することでしょう。これをいくつかピックアップして何度も検索をかけ直すしかありません。

条件が厳しすぎた場合は、条件として設定した単語を減らす、漢字でもカタカナでも表記される語は両方で試してみる、判例を調べるのならば、最判をつけてみてだめなら、日付だけで探す……など、条件を減らす、変更することを繰り返して探していくことになります。

一つの単語を長くするのではなく、なるべくいくつもの単語に分けて検索をするとか、「とは」という語をまぜて検索する（例：敵対的買収という語を調べるなら、「敵対的　とは」とする）と言葉の意味が出てきやすいようです。

ポイント

・本で、ある知識について調べるにはまず索引、次に目次を併用するとよいことが多い。

・文献などでは調べにくい知識や最新判例を調べるにはインターネットの検索エンジンを活用する。検索したい対象を細かい単語に区切ったり、「～とは」という言葉をまぜることで、効率的に知識を調べることができる。

†事件処理の訓練はどうすればよいのか

授業を聴いて基礎的な概念を学び、知らないことを調べるという作業を繰り返していくうちに、知識の量が増え、理解も深まっていきます。

ただ、知識の量・質を高めてもそれだけでは足りません。法律を勉強した以上、これを使いこなせるようにしたいところです。具体的には事件処理をできるようにするにはどうすればよいかということです。

本書で説明してきた法律の使い方は、まさに、事件解決のために法律を使いこなすための基本的な技術と基礎知識を解説するものです。したがって、本書をよく読むことから始めるべきでしょう。ただ、本書を読むだけでは事件処理はできるようになりません。空手や柔道といった格闘技にたとえると、技の手本を見せてもらったり、ビデオをみたりしただけでは、その技が使いこなせるようにはなりません。本書の技術を理解しても、理論通りに技術を実行し、法律を使いこなすには、実地の訓練が必要です。

その意味では、資格を取って、実際に仕事をするのがもっともよく法律を使いこなす能力がつくのです。これは当たり前のことですが、なかなか気がつかないところです。

しかし、その前提として資格試験に受かるのに、基礎的な事件処理ができなければなりません。そのためには、事件処理を疑似体験する他、訓練の方法はありません。

したがって、ある程度の知識を学び、本書で解説した技術を身につけた後は、なるべくたくさんの練習問題にあたることです。

ただ、練習問題は何となくあたっているだけでは力は伸びないので気をつけなければなりません。家庭の専業主婦は毎日家族のために食事を作りますが、何年たってもおいしくならない……ということがあります。これは料理の才能がない……というだけではありません。おいしくするような工夫、自分の欠点を探し、克服するという姿勢がない場合が多いのです。

問題を解いて力をつけようという場合も同じです。

問題を解く場合には、本書で説明したような技術を忠実に実行できているかをできる限り気をつける必要があります。心構えとしては向上心を持つこと。実行すべきことは、実際に自分が法律を使いこなす技術が向上しているか、稚拙なところがないかのチェックや、これを向上させるにはどうすればよいのかということをいつも考えることです。

自分が問題が解けなかったとき、どうして解けなかったのか、何に気がつくべきだったのか、自分のどこに悪い癖があるのか、何に気をつければ正解を導けるのかという点を細かく気をつけ、少なくとも同じ間違いを繰り返さないように十分な反省をしなければなりません。

勉強をする際には、時間・量をこなすだけでなく、その質を高めなければなりません。質を高める方法が、上で説明したような点に気をつけ、弱点をなくすように務めることなのです。

このような作業をしていると最初は大変時間がかかるものです。しかし、それは最初だけです。ある程度の数をこなしたところで、どんどん効率が上がっていきますから、焦らないことです。

ポイント
・事件処理の訓練をするのに最適なのは実際に事件処理をすることである。
・事件処理を疑似体験するには、本書を熟読した上で、練習問題にあたる。
・練習問題を解く時には本書で説明した技術を頭におきながら、解き終わった後には、間違えたことと、できないことが、できるようになるため徹底的な反省をすること。

†六法はどんな順序で学べばよいのか

法律を学ぶにあたって、どのような順序で学ぶとよいのか……ということはよく問われます。その正しい答えは、どのような順番でも、**自分にとって興味があるものからでよい**……ということになります。

確かに、商法は一般法である民法を学んでからでないと理解できないといえます。また、憲法を先に学んでいないと刑事訴訟法を学びにくいのではないかとか、憲法では民法の知識も刑法の知識も使うから、憲法は民法・刑法よりも後の方で学んだ方がよいのではないか……というような話はあります。

しかし、どうせどの法律も、最初一度学んだだけで理解できるものではなく、何度も繰り返してやっと理解できるものです。とすれば、どのような順で学んでも、各科目を何度も繰り返すうちに、互いの科目の関係も分かってくるものです。

だからこそ、勉強をする順序はこだわらず、どうしても分からないことはあまり気にせず先に進むということが重要なのです。

それでも強いて、どのような順序で学ぶのがよいのか……といえば、私法系の科目から学ぶのがよいような気がします。

まずは民事訴訟法、次に民法が理想です。

民法から学ぶとよいというのはよく言われることです。憲法・刑法に比較して、規範が明瞭なので、要件を定立して、個々の要件を検討して事件処理をするという姿勢が身につきやすいのです。また、憲法・刑法を学ばなければ理解できない……という箇所がほとんどないところもよいといえます。

しかし、民法を学ぶには、先に民事訴訟法の基本的な概念を知らなければ十分に理解できない部分が多いのです。たとえば証明責任の概念は民法の理解の際に大変重要ですから、このような基本的なルールのみ先に学ぶのです。たとえば、拙著**『生講義　入門民法1』**（**自由国民社**）を利用すると良いでしょう。ここでは冒頭に民事訴訟法の基本的な知識を説明してありますから、最低限その知識のみしっかり学ぶのです。

その後で民法を学び、後はどのような順序でも構いません。あえていえば民法→民事訴訟法→商法と学び、次に刑法→憲法→刑事訴訟法か行政法と学ぶのはどうでしょうか。もちろん、ビジネスで憲法を使うことは九九・九九九パーセントぐらいない。刑事訴訟法はもっとないでしょうから、自分にとって不要である。興味がないという法律は間引いても構いません。

ポイント

- **六法を学ぶ順序についてはあまりこだわらなくて良い。**
- **どうしてもという場合は、少し民事訴訟法のルールを学んでから、民法を学ぶとよい。**

†六法の選び方

法学を学ぶのに一番重要なツールは何か……といえば、基本書でも、授業でもありません。法の解釈をする以上、その対象……条文そのものを知ることが必要です。

そのための手段が六法です。ただ、初学者のうちは、この六法をどう選べばよいのか分からないものです。

一番よい方法は、既に紹介した法令データ検索システムで条文を調べ、それをパソコンにコピーすることです。無料ですし、あまり情報が早いとはいえませんが、一年に一回しか六法を買い換えないよりは法令のデータを最新版に保つことができます。

一番よいのは、パソコンの場合、検索が簡単だという利点がある点です。メモも悪筆に悩まされることもなく、いくらでもできます。

ただ、この方法はパソコンを使うことが苦にならないとか、持ち運んでいるという人でなければなりません。普段からノートパソコンを持ち運んでいれば、どこでも六法が引けるので隙がありません。そうでなければ、家で勉強をする時のみしか使えないことになります。

また、家で作業をするにもパソコン自体を使い慣れていない人には、条文を参照するのが苦痛で仕方がないということになりかねません。

そこで、書店で販売されている六法を購入するのが一般的だと思われます。このとき、『**コンパクト六法**』（**岩波書店**）、『**ポケット六法**』（**有斐閣**）などの安価な学習用六法から、『**判例六法**』、『**小六法**』、『**六法全書**』などさまざまなものがあります。

このうち、学習用には『**ポケット六法**』や『**判例六法**』が適しているでしょう。さらに、条文をなるべく素早く検索するには、一ページに載せられている条文の数が多い、『**ポケット六法**』の類が適切です。一方、『**判例六法**』は判例が載っていて便利に思えますが、載せられているのは判例のほぼ結論の部分のみとなっています。したがって、ある程度勉強が進んだ人でなければ、意味が分かりにくく使いこなせないと思われます。

判例の結論だけ暗記すればたりる資格試験を受ける……というのなら『**判例六法**』は役立つと思いますが、理解中心の勉強をするのなら、判例集は別に用意し、そちらで学んだ方がよいでしょう。

というわけで、ポケット六法、コンパクト六法などを利用するのが一番おすすめだということになります。

ポイント

- 法文の情報はインターネットから入手するのが一番便利。
- パソコンを使い慣れていないという人は、コンパクト六法、ポケット六法を使うとよい。

あとがき：本書を書いた動機

私は、司法試験に合格後、弁護士など法曹の仕事にはつかず、ひたすら法律学の指導をし、そのための著作を書いてきているし、これからもそのつもりである。

しかし、実際には司法試験に合格しながら法律学の指導にこだわる人はほとんどいない。その意味で私は大変な少数派であるといえよう。

なぜ、そうであるのかと時々不思議がられるが、それはこういう理由である。私は法律学であっても大学受験までの国語や数学などの学科であっても、いつも思うのが、説明の不親切さである。私はあまり理解力がないからか、最初は意味がなかなか分からない。しかし、うんうんうなって考えているうちに、「ああ、こういうことか」と分かる。と、同時に、「ならば、こういう説明をしてくれればよいのに」「こういう点の説明が欠けている」と不満を覚える……という経験が多かった。時には、理解し、確信に至るまでは大変長い時間がかかるから、なぜ私ごときに分かることを、もっと言葉の形にして教えてくれないのか、と大変不満に思うこともあった。気がついたからよかったが気がつかなかったらどうしてくれるのかと。そういうことを誰もしてくれないのなら、私がやろう。そして、「なるほど」という体験をしてほしい。そうやって分かってくれるのが自分にとって一番の喜びである。これが教える喜びというものではないかと思う。この喜びを味わうのが好きで、この仕事を続けているのだと思う。

しかし、私自身が講義をしていると、どうしても、自分にとって感心したことのレベルが年々あがっていき、そのせいで表現したいこと、書きたいことの難易度が上がってくる。そうなると、一定の勉強をした人しかついてこれなくなる。

これでは、自分が最初目指した目標からはずれていっているのではないか。そう考えて、もっと初心者のための、それこそ法学を学んだことがない人にでも分かるように、しかし、本格的に法学を学ぶようになってから必ず役に立つ情報を説明できないか……と考えていたところで、勁草書房から声をかけてもらってできあがったのが本書である。

これまで書いてきた本はどちらかというと、試験勉強法の本（**『司法試験機械的合格法』**、**『試験勉強の技術』**など）であるか、各科目ごとの知識を説明する本（**『S式柴田の生講義』**シリーズ、**『S式択一条文問題集』**シリーズ、**『S式一問一答法律用語問題集』**など）であるかしかなかった。普通は、誰もが各法律科目ごとの知識の方を勉強することに目がいきがちである。しかし、できあがってみた本書の内容は、単に各科目を超えた内容が説明されているというだけではなく、各法律科目で学ぶどの知識よりも重要なことが詰め込まれているように思う。普通ははっきりとは説明されないが、実はそこに一番重要なことが隠されている。学問ではそのようなことがよくあるのだが、本書では、私がこれまで書いた本のうちでは足りなかった、その重要なことがずばり指摘できたのではないかと思う。

今、法科大学院により、教育機関を通じて法曹を養成しようという試みが始まっている。法学未修者のクラスでは、未修者に対して、大学で法学の指導をしてきた指導者が講義をしている。しかし、二年〜三年で法学の指導をしてきた指導者が、一年で指導をしようというのはどうにも無理があるように思える。少なくとも法学の知識以外の、伝わりにくいニュアンスの部分はますます伝わりにくくなるのではないかと思われる。そこを埋めるために本書を書いたと考えてもらいたい。

具体的に、本書が目指したところは二つ。一つは法律学を普通に学んでもなかなか身につかない、事件を処理する姿勢とかコツというものを心の底から分かる、実感できるまでになってもらうこと。もう一つは法律について持たれている誤解・偏見・神話の克服。この二つを、まだ法律学を学んでおらずおかしな色に染まっていない初学者に学んでもらえば、必ずや良い効果があると思っている。もちろん、ある程度勉強をし、おかしな色に染まってしまっている人が、初心に返るためにも役立つはずである。場合によっては、ある程度勉強をした人でも、本書を利用することで、長年足りないと感じていた隙間が埋まるということもあると思う。

このような意図した効果が生まれることを願いつつ、筆を置きたいと思う。

平成一七年五月　自宅にて

柴田孝之

著者略歴

1972年三重県に生まれる．東京大学法学部卒業．1995年司法試験合格．LEC大学専任教員．『司法試験機械的合格法』（第３版，日本実業出版社，2004年），『試験勉強の技術』（ダイヤモンド社，2001年），『Ｓ式柴田の生講義』シリーズ（入門憲法，入門民法（１）（２），入門刑法，入門商法，入門訴訟法（１）（２），自由国民社，2003～2005年），『S式択一条文問題集』シリーズ（憲法，民法，刑法，自由国民社，2004年～2005年），『Ｓ式一問一答法律用語問題集』（自由国民社，2004年）ほか．

法律の使い方

2005年６月30日　第１版第１刷発行
2009年５月20日　第１版第３刷発行

著　者　柴《しば》　田《た》　孝《たか》　之《ゆき》

発行者　井　村　寿　人

発行所　株式会社　勁《けい》　草《そう》　書　房

112-0005　東京都文京区水道2-1-1　振替　00150-2-175253
（編集）電話　03-3815-5277／FAX 03-3814-6968
（営業）電話　03-3814-6861／FAX 03-3814-6854
本文組版　プログレス・理想社・青木製本

ISBN978-4-326-45077-0　　Printed in Japan